믿음의 여정 끝에서

당신이 하나님을 더 깊이 알아가고 더 널리 알리는 사람이 되는 것, 이 책에 담긴 도서출판 예수전도단의 마음입니다. 말씀을 통해 저자가 깨닫고, 원고를 통해 저희가 누릴 수 있었던 그 감동이 책을 통해 당신에게도 전해지기 원합니다. 그리고 당신을 통해 그 기쁨과 은혜가 더 많은 이에게 계속해서 흘러가기를 기도하겠습니다. 이 책을 통해 당신이 받은 은혜를 다른 분들에게도 나눠주십시오. 사랑하고 축복합니다.

ⓒ 박양일 2025

본 저작물의 저작권은 도서출판 예수전도단에 있습니다.
저작권법에 의해 보호받는 저작물이므로 무단 전재와 복제를 금합니다.

여든 인생에 새겨진 주님의 이야기, 그 영광의 흔적

믿음의여정
끝에서

글
박양일

예수전도단

추천사 1

박양일 장로님은 오랫동안 알고 지내온 지역 교회의 지도자입니다. 오래 전 집사님이었을 때부터 늘 온화한 미소를 보이셨던 모습이 기억납니다. 권사님이 남편의 믿음을 위해 열심히 기도하신 지 얼마 지나지 않아 장로님이 예수님을 인격적으로 영접하는 신앙 체험을 하셨다는 이야기를 들었습니다.

장로님은 새신자반을 통해 처음 교회에 나온 분들을 열심히 섬기셨고, 운영하는 사업장을 통해 중국에 계신 선교사님과 오랫동안 협력하셨습니다. 뿐만 아니라 인도네시아와 인도에서 사역하는 교단 소속 선교사님들을 물심양면으로 도우셨습니다.

군산에서 예수전도단 사역이 시작된 후 지금까지 장로님은 예수전도단 군산지부의 후원자가 되어 든든한 울타리 역할을 해주고 계십니다. 뿐만 아니라 본인처럼 말없이 하나님 나라를 위해 힘을 보태셨던 분들과 함께 국제협력선교회를 만들어서 전략적으로 선교 현장의 필요를 채우고 계십니다.

장로님은 늘 자신은 선교에 대해 아는 게 없다고 하지만, 기업가로서 웬만한 선교 지도자만큼의 선교전략적 안목을 갖추셨습니다. 또한 자신의 이름을 내세우지 않고 말없이 흔적도 없이 여러 선교 현장의 실제적 필요를 돕는 겸손하고 든든한 동역자입니다.

예수전도단 독수리예수제자훈련학교에서 훈련받고, 지역에서 오랫동안 예수전도단과 함께 선교 사역을 감당해 오신 장로님의 담백하고 차분한 회고를 접하면서, 제 안에 조용한 감동이 찾아왔습니다. 대대로 한 지역에 뿌리내리고 살아온 '지역인'이지만 그 안에 머물지 않고 '열방'을 향해 꿈과 소망을 확장시키신 모습, 맨 앞에 나서기보다 늘 다른 사람들을 응원하면서 그들이 주목받는 것을 오히려 기뻐하신 모습, 때로는 실수와 실패를 겪으면서도 하나님께 받은 선교적 소망과 꿈을 놓지 않으시는 모습, 그리고 자신의 신앙 여정, 선교 여정이 다음 세대에게 이어지기를 바라시는 모습…. 장로님의 이야기를 읽으면서 잔잔하면서도 벅찬 감동이 전해졌습니다. 예수전도단 독수리예수제자훈련학교를 알고 계시는 주변 분들에게 이 귀한 책의 일독을 권하고 싶습니다.

제주열방대학 책임자
박석건 목사

추천사 2

모든 자녀는 태어나면서부터 자연스럽게 부모님의 삶과 그 뒷모습을 보며 자라게 되는 것 같습니다. 그것을 통해 자신의 인생관과 삶의 태도를 결정하는데, 그런 점에서 저희 사남매는 큰 복을 받았습니다.

아빠는 저희의 든든한 버팀목이 되어 넘치는 사랑을 주셨고, 무엇보다 주님을 뜨겁게 사랑하면서 그분의 길을 따르는 모습을 삶으로 보여주셨습니다. 사랑 많은 가장으로, 본받고 싶은 신앙 선배로 인생을 채워가시는 모습은 지금까지도 저희에게 도전이 됩니다.

하나님 앞에 바로 서기 위해 그 누구보다 치열하게 살아내신 시간들을 저희는 지켜보았습니다. 최선을 다해 하나님을 섬기며 하나님 나라를 위해 열심을 다하셨던 그 뒷모습을 기억하고 있습니다. 세상에서는 외롭고 힘들지만, 그래도 하나님 앞에 부끄럽지 않기 위해 주어진 길을 지키려 애쓰셨던 열정이 저희 마음에 심겨 있습니다. 그 모습이 누군가에게는 융통성 없어 보였을 수 있지만, 하나님은 가장 기뻐하셨을 것이라고 확신합니다.

사람의 눈보다 하나님의 시선을 바라보고 의지하신 아빠의 신앙을 존경합니다. 필요가 있을 때마다 하나님의 도구로 쓰임받는 것에 감사하며 기쁘게 감당하셨던 아빠의 순종을 닮고 싶습니다. 하나님을 사랑하고 예수 그리스도에게 순종하는 것을 최고의 축복이자 기쁨으로 여기신 아빠의 삶을 응원합니다. 아름다운 신앙을 유산으로 주신 아빠를 사랑합니다.

　아빠의 신앙 여정이 담긴 책이 나온다고 하니 더욱 감사한 마음입니다. 이 책이 믿음으로 사는 것에 대해 소망을 잃고 지쳐버린 그리스도인에게 위로와 힘이 되면 좋겠습니다. 아빠의 이야기를 통해, 이렇게 살아도 결코 손해 보지 않는다는 것을 같이 느끼면 좋겠습니다.

　하나님을 향한 사랑의 고백인 이 책의 출간을 온 마음으로 축하드립니다!

큰딸 박수현 사모

목차

추천사 1   4
추천사 2   6
서문   10

1부
믿음의 시작   16

섭리 안에서 교회에 첫발을 내딛다   18
하나님과의 인격적인 만남   22

2부
교회 공동체   30

교회, 내 믿음의 뿌리   32
사랑하는 나의 교회   63

3부
신앙 공동체 84

예수전도단	86
묵상 모임	120
아버지학교	128
가정	141
국제협력선교회	150

4부
선교의 여정 154

중국: 비즈니스 선교 (왕평 선교사님과 함께)	158
인도1: 교회개척 사역 (김봉태 선교사님과 함께)	169
인도2: 교육사업 사역 (김현철, 제임스 선교사님 그리고 국협과 함께)	174

글을 맺으며 188

서문

나의 도움은 천지를 지으신 여호와에게서

내가 산을 향하여 눈을 들리라
나의 도움이 어디서 올까
나의 도움은 천지를 지으신 여호와에게서로다
여호와께서 너를 실족하지 아니하게 하시며
너를 지키시는 이가 졸지 아니하시리로다
이스라엘을 지키시는 이는 졸지도 아니하시고
주무시지도 아니하시리로다
여호와는 너를 지키시는 이시라
여호와께서 네 오른쪽에서 네 그늘이 되시나니
낮의 해가 너를 상하게 하지 아니하며
밤의 달도 너를 해치지 아니하리로다

여호와께서 너를 지켜 모든 환난을 면하게 하시며

또 네 영혼을 지키시리로다

여호와께서 너의 출입을

지금부터 영원까지 지키시리로다 (시 121편)

시편 121편은 내 인생에 영적인 문을 열어준 말씀이다. 믿음이라는 낯설고도 신비한 여정을 걷기 시작한 날부터 지금까지, 이 말씀은 내 기도였고 희망이었으며 삶을 지탱하는 믿음의 기둥이었다. 수많은 날이 흐르는 동안, 나는 이 말씀을 되뇌며 하나님 앞에 무릎 꿇었고, 인생의 고비마다 이 말씀에 기대어 다시 일어섰다. 이 말씀은 내 영혼이 다시금 하나님의 품 안에 안기게 해준 주님의 음성이었고, 나를 믿음의 길로 한걸음씩 인도한 따뜻한 손길이었다.

나는 선교 전문가가 아니다. 선교학을 전공하지도 않았고, 먼 이국에서 복음을 전하며 살아본 경험도 없다. 전임 선교사로서의 길을 걷지도 않았고, 따라서 선교지의 험난한 현실을 온전히 체험한 사람도 아니다. 나는 그저 한 지역 교회의 장로로서 성실하게 주일을 지키며, 일상 속에서 믿음을 실천하고자 애써온 평범한 성도이다.

그럼에도 내 마음 한편에는 하나님 나라에 대한 소망이 조용하지만 분명하게 자리하고 있었다. 내 자녀들이 이 세상에서 하나님의 사람으로 살아가기를, 자신의 삶을 통해 선하고 아름다운 영향력을 전하는 자로 성장하기를 바랐다. 그리고 하나님 한 분만을 예배하고 사랑하는 믿음이 내 삶을 넘어 우리 가문 전체로 흘러가기를, 세대에서 세대로 이어지기를 간절히 소망하며 살아왔다.

인생은 평탄한 길만으로 채워져 있지 않다. 삶에는 오르막도 있고 내리막도 있으며, 때로는 깊은 골짜기를 지나야 할 때도 있다. 나 또한 그러한 굴곡을 피할 수 없었다. 때로는 길을 잃고 헤매었고, 때로는 깊은 밤에도 불안에 휩싸여 잠을 이루지 못했다. 그러나 돌이켜 보면 그 모든 순간에도 하나님은 한 번도 나를 떠나지 않으셨다. 실족하지 않도록 붙드셨고, 넘어질 때마다 다시금 일으켜 세워주셨다.

이제 은퇴한 장로로 살아가면서 예배의 자리에서 조용히 하나님을 바라본다. 분주한 일정과 무거운 책임에서 물러난 지금, 오히려 내 안의 묵상은 더욱 깊어지고 있다. 지난 30여 년의 시간을 천천히 돌아보며 분명하게 고백할 수 있는 한 가지가 있다. 내 삶의 모든 걸음과 그 안에 숨겨진 수많은 이야기는 결코 우연이 아니었다는 것이다. 하나님의 선한 인도, 그 깊고 놀라운 섭리가 내 삶을 이끌어왔다.

나는 하나님의 은혜로 열방을 향한 그분의 마음을 조금씩 알아가게 되었다. 한 번의 선교지 방문이 계기가 되어 그분의 시선이 머무는 땅들을 바라보고, 그분이 품으신 영혼들을 마음에 담게 되었다. 이후로도 때때로 선교지를 방문하고 사역을 돕는 일에 동참하며, 하나님 나라의 숨결이 생생히 살아 숨 쉬는 장면들을 목격했다. 그 경험들은 단순한 사건으로 끝나지 않았다. 그것은 하나님이 써 내려가고 계신 선교 이야기의 장면들을 목격한 은혜의 발걸음이었다.

야곱이 바로 앞에서 "험난한 세월을 나그네처럼 살아왔다"고 고백했던 것처럼, 나 또한 나그네 같은 인생을 걸어왔다. 겉으로는 내 삶이 평범하고 안정된 것처럼 보일지 모르지만, 내면의 여정은 결코 평탄하지 않았다. 죄의 어두운 그림자 속에서 자주 넘어졌고, 믿음 없이 살아가던 시간도 분명히 있었다. 그러나 하나님은 그런 나조차 결코 포기하지 않으시고, 친밀하고 따뜻한 동행의 순간들로 가득 채워주셨다. 그 시간들을 돌아보며 감사의 기도를 멈출 수 없다.

이제 나는, 내 삶의 다양한 계절들을 한 장씩 펼쳐 정리해 보고자 한다. 그중에서도 특히 하나님의 은혜로 교회를 섬기게 되었던 일과, 열방 선교의 여정 속에 하나님과 동역했던 시간들을 소중히 되새겨 보려 한다. 내가 한 것이 아니라 하나님이 내 안에서 일하신 귀한 이야기들을 글로 남기고자 한다.

이 책에 담긴 이야기들이 단순히 한 개인의 회고록이나 과거의 추억으로 머물지 않기를 바란다. 이 이야기들은 하나님이 평범한 한 인생을 택하시고, 그 부르심 가운데 살아가게 하신 살아 있는 증언이다. 하나님은 나를 신앙이라는 무대 위에 세우셨고, 그분의 이름이 높임 받는 장면들 속에 나를 등장시켜 동참하게 하셨다. 그러기에 이것은 하나님의 선교 이야기며, 내가 걸어온 삶은 그 이야기의 일부이다.

나는 이 이야기가 자손들에게 자연스럽게 전해지기를 바란다. 전하려 애쓰지 않아도 남기려 의도하지 않아도, 살아 숨 쉬는 이야기로 전달되기 바란다. 그래서 그들이 이 이야기 속에서 살아 계신 하나님을 발견하기를, 하나님과 동행하는 믿음의 여정을 선택하여 걸어가기를 간절히 소망한다. 비록 세상은 각자의 판단에 따라 옳다고 여기는 길을 택한다 할지라도, 사랑하는 나의 자손들은 하나님 나라를 소망하고, 영생을 사모하며, 죽어가는 영혼들을 향해 긍휼의 마음으로 손 내미는 삶을 선택하기 바란다. 그들이 그렇게 살아간다면, 나는 더 이상 바랄 것이 없다.

나아가 이 글을 읽는 모든 이도 하나님이 각 사람에게 주신 은혜와 부르심이 얼마나 귀한지 깨닫기 바란다. 하나님은 모든 자녀를 통해 일하시며, 누구도 하찮게 여기지 않으신다. 우리를 부르고 사용하시는 그분의 섭리 안에서, 우리는 그분의 이야기 속 주인공으로 살아가고 있다. 바로 이것이, 이 책을 시작하는 나의 첫 번째 고백이다.

1부

믿음의 시작

섭리 안에서 교회에 첫발을 내딛다

내가 믿음의 세계에 마음을 열기 시작한 것은 어느 날 갑자기 찾아온 극적인 사건 때문이 아니다. 내 안에 특별한 의로움이나 선한 동기가 있어서도 아니다. 오히려 설명하기 어려운 하나님의 조용한 인도, 그리고 그분의 섭리 가운데 이루어진 작지만 결정적인 만남이 내 인생의 전환점이 되었다. 그 만남이 없었다면 선교를 향한 부르심도, 지금 누리고 있는 영적인 기쁨도 내 삶에 결코 찾아오지 않았을 것이다.

꽃가지에 내리는 가는 빗소리
가만히 기울이고 들어보세요
너희들도 이 꽃처럼 맘이 고와라
너희들도 이 꽃처럼 맘이 고와라
냇가에서 종종종 우는 새 소리

가만히 기울이고 들어보세요
너희들도 이 물처럼 맘이 맑아라
너희들도 이 물처럼 맘이 맑아라

아주 어린 시절, 동무들과 어울려 놀다가 어디선가 들려오는 이 노랫소리에 이끌려 따라간 곳이 교회였다. 그곳에는 또래 아이들이 있었고, 함께 노래하고 웃고 떠들며 시간을 보내는 따뜻한 공간이 있었다. 당시 나는 하나님이 누구인지도 몰랐지만, 그곳의 공기와 분위기, 사람들 속에서 이상하리만치 마음이 평안해졌던 기억은 지금까지 내 안에 선명하게 남아 있다.

내가 교회에 정식으로 발을 들인 것은 중학교 1학년 때였다. 군산중앙성결교회 김원천 목사님의 아들인 인영이라는 친구가 같은 반이었는데, 그 친구를 따라 탁구 치러 교회에 드나들기 시작했다. 처음에는 그저 탁구를 치러 갔을 뿐이다. 얼마 후 내가 본격적으로 교회에 출석하게 된 계기가 생겼는데, 그것은 조금 다른 곳에서 시작되었다.

내가 태어날 때 핏덩이였던 나를 받아주었다는 이웃집 할머니의 아들이 김제에서 군산으로 유학을 와 우리 집에서 하숙을 하게 되었다. 나보다 몇 살 위였던 그 형은 군산중앙성결교회 학생회에 출석하고 있었다. 내성적이고 말수가 적었던 나를 늘 안타까워하셨던 아버지가 '교회라도 다니면 좀 나아지지 않겠나…' 하는 마음에, 그 형에게 나를 교회에 데려가 달라고 조심스럽게 부탁하셨다.

그 시절 우리 부모님은 아직 믿음이 없었다. 훗날 아버지는 천주교 신자가 되셨지만, 당시에는 하나님에 대해 아는 바가 전혀 없었다. 그렇게 중학교 3학년이 되던 해에 하숙생 형들과 함께 교회에 다니기 시작하면서 나의 교회 생활이 본격적으로 시작되었다. 지금 그 시간을 돌이켜 보면 모든 과정이 단순한 우연이 아니었음을 깨닫게 된다. 하나님이 조용히 그러나 분명하게 내 삶의 걸음을 인도하고 계셨던 것이다.

처음에는 믿음의 깊이나 신앙의 본질에 대해 고민할 마음도 없었다. 나는 그저 교회 문턱을 오르내리는 정도의 교인이었고, 누군가에게는 '믿음 좋은 학생'처럼 보였을지 모르나, 실제로는 친구들과 어울리며 중고등부 활동에 참여하는 수준에 머물러 있었다. 하나님을 깊이 만나고자 하는 갈망보다는 예의 바르고 성실한 사람으로 보이고 싶은 마음이 더 컸고, 그렇게 보이기 위해 애쓰며 살아갔다.

시간은 계속 흘렀고, 어느 날 내 삶에 설명할 수 없는 변화가 찾아왔다. 내 모든 감각과 시야가 흔들릴 만큼 강렬하게 하나님을 경험한 사건이 있었다. 그 사건을 통해 나는 이전과는 전혀 다른 신앙 세계를 맞이했고, 교회에 출석하는 자로서만이 아닌 하나님 앞에 선 '나 자신'을 인식하게 되었다. 믿음은 내가 선택한 것이 아니라 하나님이 먼저 이끄신 결과라는 사실을 처음으로 깊이 깨닫게 되었다.

하나님과의 인격적인 만남

1990년 7월, 무더운 여름 어느 날이었다. 아내인 최 권사와, 또 다른 신실한 동역자 최화남 권사님의 간곡한 권유에 이끌려 나는 마침내 박이완 목사님의 따님이신 박향옥 권사님의 차에 몸을 실었다. 차는 한참을 달려 경기도 고양시 벽제에 위치한 한 연수원에 도착했다.

박 권사님은 나를 모임의 관계자에게 인계한 후 조용히 자리를 떠났다. 도착해 보니 이미 늦은 밤이었고 하루의 모든 일정이 끝난 후였다. 나는 4인용 이층 침대가 놓인 방으로 안내되었는데 그곳에는 이미 세 명의 참가자가 깊이 잠들어 있었다. 내가 조용히 들어서자 잠에서 깬 한 참가자가 눈인사를 하며 벽면을 가리켰다. 그곳에는 두 장의 종이가 붙어 있었다. 하나에는 '침묵의 시간', 다른 하나에는 '나는 누구인가?'라는 문구가 적혀 있었다.

나는 아무 말 없이 침대 위로 몸을 옮겼고, 어둠 속에서 스스로에게 질문을 던졌다. '이게 다 뭐지? 왜 내가 여기 와 있는 걸까? 괜히 온 건 아닐까?' 이런 생각들로 쉽사리 잠을 이루지 못한 채 뒤척이다가 겨우 잠들었다. 이튿날 아침, 이른 시간부터 울려 퍼지는 찬양 '나의 사랑하는 주님'이 내 귓가를 파고들었다.

> De Colores(데 꼴로레스)!
> 나의 사랑하는 주님, 나를 위해 죽으시고
> 부활 승천하시어서, 나의 주가 되셨네
> 나의 사랑하는 주님, 나의 목자되시어서
> 나를 항상 인도하니, 주만 따라가리라
> 주 오시면 천국에서, 주님과 살리라 영원토록

이 찬양은 사흘 내내 내 귓가를 맴돌았다. 그러다 마침내 내 마음 깊은 곳을 울리기 시작했다. 그 울림은 지금까지도 이어지고 있으며, 이 찬양을 들을 때마다 처음 주님을 뵈었던 그 순간이 생생히 떠오른다. "내가 너를 사랑한다." 그분의 따뜻한 미소와 음성이 지금도 느껴지는 듯하다.

나는 그렇게 한국 뜨레스 디아스(Tres Dias, 이하 TD) 17기에 입소했다. 낯설고 다소 과장된 듯 보이는 봉사자들의 따뜻한 배려 속에 첫 일정이 시작되었고, '나는 누구인가?', '어디서 와서 어디로 가는 존재인가?'라는 본질적인 질문이 마음 깊숙이 파고들기 시작했다. 말씀이 선포되는 내내, 나는 내면 깊은 곳에서 견고한 무언가가 무너지는 소리를 들을 수 있었다. 그리고 이어진 나눔의 시간, 내 차례가 되었을 때 말문이 막혀 아무 말도 할 수 없었다. 북받쳐 오르는 감정에 휩싸여 눈물이 쏟아졌고, 흐르는 눈물을 휴지로 훔치며 자리에 앉아 있을 수밖에 없었다.

그렇게 보낸 3박 4일은 내 삶의 민낯을 정직하게 마주한 시간이었다. 나는 이제껏 열심히 살아왔다고 자부했다. 가정을 지키고, 자녀를 키우며, 부족함 없이 살기 위해 성실하게 노력해 왔다고 믿었다. 그러나 TD를 통해 깨달았다. 그 모든 분투가 오히려 영적 본질을 망각한 삶의 분주함이었음을. '나는 누구인가?', '어디서 와서 어디로 가는가?'라는 질문 앞에서, 나는 비로소 그동안 추구해 온 것들의 공허함과 한계를 실감했다. '내 삶은 마치 먹고 사는 일에만 몰두해 온, 짐승의 하루하루와 다를 바 없는 날들이 아니었을까' 하는 깊은 회한 속에 눈물이 터졌다.

그러나 절망만 있었던 것은 아니다. 그 어둠 가운데에서 들려온 '하나님의 은혜'라는 한마디가 내 마음을 꿰뚫었다. 하나님 아버지의 사랑, 그 깊고 넓은 마음을 처음 진심으로 느꼈다. 그분과의 친밀한 관계가 나에게 얼마나 절실한 것이었는지를 그제야 깨달았다. 하나님의 사랑을 깊이 느낄수록 눈물을 멈출 수 없었다. 그 눈물은 곧 기도가 되었고, 회개의 언어가 되었으며, 삶의 방향을 바꾸는 통로가 되었다.

예수 그리스도께서 나를 위해 고난을 당하고 죽기까지 사랑하셨다는 사실이 처음으로 진실하게 믿어졌고, 그 순간 나는 주님을 인격적으로 영접할 수 있었다. 그리고 삶의 방식에 대해, 일터와 신앙 사이에서 어떻게 살아야 할지에 대해 고민하게 되었다. TD 마지막 날 간증의 시간에도 나는 많은 말을 하지 못했다. 끊임없이 흐르는 눈물이, 내가 드릴 수 있는 고백의 전부였다.

"하나님은 본래 나와 함께 계셨습니다." 모태에서 지음 받기 전부터 이미 그분의 계획 안에 내가 있었고, 태중에서부터 그분은 나와 함께하셨다. 주님을 알지 못하던 시절에도 그분은 내 안에 계셨고, 나의 잠든 밤과 무심한 낮 속에서도 결코 나를 떠나지 않으셨다.

나는 탕자와 같았다. 자신의 뜻대로 살기를 좋아했고, 때로는 하나님을 무시하며 세상의 즐거움을 좇았다. 내 마음대로 살아가는 동안, 주님은 묵묵히 참으셨고, 기다리셨고, 나에게 또 한번의 기회를 주셨다. 나는 그 모든 시간을 돌아보며 회개했고 감사했다.

지금도 여전히 죄의 그림자를 떨쳐내지 못한 채 살아가고 있지만, 하나님을 경외하는 삶을 갈망하며, 날마다 믿음의 하늘을 향해 작은 날개를 퍼덕이고 있다. 나는 여전히 부족한 죄인이지만, 동시에 은혜를 사모하는 자이다.

교회로 돌아온 후, 내가 만난 하나님을 전하지 않고는 견딜 수 없었다. 많은 교우에게 간증을 나누었고, 하나님을 갈망하는 이들을 TD로 안내했다. 그 뜨거운 경험을 나누고 싶은 마음은 나를 봉사의 자리로 이끌었고, 한동안 TD의 스태프로 섬기게 되었다. 우리 교회에서만 50명이 넘는 교우가 순차적으로 TD에 참여했다. 그들에게도 내가 겪은 변화들이 일어나기 시작했다. 김충안 집사님의 변화된 모습을 보고, 그의 어머니 정흥심 권사님은 눈물을 글썽이며 내 손을 잡고 말씀하셨다. "하나님이 오랫동안 기다린 저의 기도제목에 응답해 주셨어요."

당시 교회에서는 TD에 대해 우려하는 시선도 분명히 있었다. 일부 어르신은 이 훈련에 혹시 이단성이 있는 것은 아닌가 염려하셨고, 교우들이 참여하는 것을 조심스러워하는 분위기도 감지되었다. 그러나 그 은혜가 너무 컸기에, 나는 조심스럽게라도 그 사역을 이어갈 수밖에 없었다.

그 즈음 담임목사님이 하신 말씀이 기억에 남는다. "주일 아침, 앞자리에 앉아 반짝이는 눈빛으로 말씀을 듣고 계신 분을 보면 '아, 저분도 TD를 다녀오셨구나' 하는 생각이 듭니다." 실제로 성도들의 신앙에 큰 변화가 일어난 것은 분명한 사실이었다.

박이완 원로목사님의 따님과 사위 역시 목사님이 TD를 경험하길 간절히 원하셨고, 나는 조용히 박 목사님을 모시고 연수원으로 향했다. 목사님은 3일간의 프로그램을 마치고 마지막 간증하는 날 사람들 앞에서 이렇게 담담히 말씀하셨다. "제 목회 여정 가운데 가장 잘한 두 가지가 있다면, 하나는 조기 은퇴한 일이고, 다른 하나는 이 TD에 참여한 일입니다." 그 고백에 우리 모두 울었고, 함께 하나님의 은혜를 확인하며 감사했다.

하나님을 인격적으로 만나지 못한다면, 결국 우리는 인간이 만들어 낸 종교적 틀 안에서 살아갈 수밖에 없다. 인간은 스스로 만든 규범과 형식 속에서 의미를 찾으려 애쓰지만, 참된 생명과 진정한 자유는 결코 거기서 비롯되지 않는다. 하나님과의 관계는 오직 그분과의 친밀한 교제 안에서 세워지고, 그 속에서 점점 깊어진다. 우리는 하나님의 형상대로 지음 받았다고 말하지만, 하나님의 성령께서 내 안에서 살아 움직이지 않으신다면, 그런 인생은 생명 없는 껍데기와 같을 뿐이다. 육체는 살아 움직일지 몰라도, 영혼은 죽은 것과 다름없는 삶을 살게 되는 것이다.

나는 하나님을 개인적으로, 인격적으로 만났다. 단순한 지식이나 교리의 차원이 아니라, 내 생각과 몸 그리고 마음 깊은 곳에서 하나님을 느끼고 경험했다. 이 만남은 단순한 감정의 산물이 아니었다. 하나님의 말씀이 내게 그 진리를 분명히 증언해 주었고 내 삶의 모든 부분을 통해 그분의 살아 계심을 확증시켜 주었다.

돌이켜 보면 하나님은 어린 시절부터 여러 상황과 사건을 통해 나를 끊임없이 찾아오셨다. 때로는 우연처럼 보였던 만남과 사건들이 사실은 하나님의 치밀한 계획 아래 있었음을 깨닫게 된다. 하나님은 내가 이해하고 반응할 때까지 오래도록 인내하며 기다려 주셨고, 결국 내가 그 사랑에 응답할 수밖에 없게 만드셨다.

지금 나는 하나님과 살아 있는 교제를 나누고 있다. 매일의 삶 속에서 그분과 소통하며 그분의 임재를 누리는 이 축복은, 내 인생에서 가장 크고도 소중한 선물이다. 만일 이 만남이 없었다면, 나의 신앙생활은 물론 선교 사역 또한 없었을 것이다. 하나님과의 인격적 만남은 내 삶의 방향을 완전히 바꾸어 놓았다. 이 놀라운 은혜를 생각할 때마다 또 다시 하나님께 감사와 찬양을 올리게 된다.

"내가 너를 사랑한다."
그분의 따뜻한 미소와 음성이
지금도 느껴지는 듯하다.

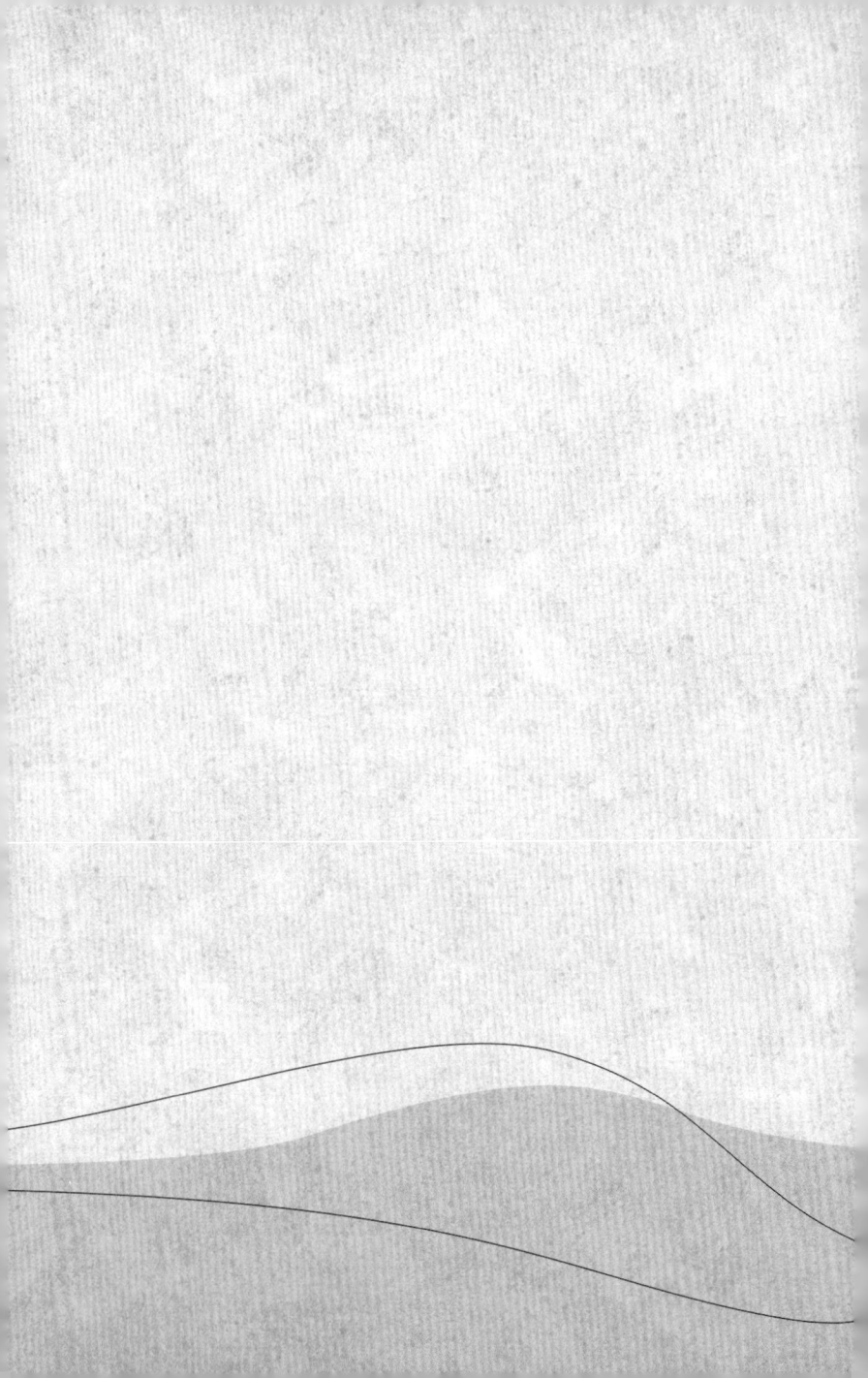

2부

교회 공동체

교회, 내 믿음의 뿌리

좋은 목회자와 신앙의 성장

1990년대 초반은 내 신앙생활에서 결정적인 전환들이 일어난 시기였다. 믿음의 여정에 처음 발을 내디딘 이후, 그 시간이 흔들림 없이 이어질 수 있었던 데에는 분명한 이유가 있었다. 그 중심에 송대웅 목사님이라는 귀한 목회자가 계셨기 때문이다.

송 목사님은 1991년 군산중앙성결교회 담임목사로 부임한 이후, 교회 분위기와 영적인 흐름을 단숨에 바꾸어 놓으셨다. 성령의 인도에 민감하셨기 때문에 선포되는 말씀마다 능력과 권세가 있었고, 굳이 특별한 부흥회를 열지 않아도 매주 드리는 주일 예배만으로 성도들은 깊은 감동과 회복을 경험할 수 있었다. 강단에서 울려 퍼지는 말씀은 단순한 정보나 교리가 아니었다. 듣는 이의 마음을 흔들고, 영혼을 깨우며, 삶의 방향을 바꾸는 강력한 힘이 있었다.

송 목사님의 강점은 말씀 선포에만 머물지 않았다. 묵상과 기도에 있어서도 탁월한 은사를 지닌 분이었다. 그분이 인도하시는 예배와 기도 모임은 단순한 종교 행위가 아니라, 하나님 앞에서 마음과 영혼이 깊이 연결되는 실제적인 만남의 자리였다. 특히 청년들에게는 더없이 큰 기쁨과 자유가 허락된 시기이기도 했다.

당시의 교회 분위기는 다소 경직되고 보수적인 면이 있었기 때문에, 청년들이 자유롭게 신앙을 표현하는 것이 쉽지 않았다. 그러나 송 목사님은 억눌려 있던 청년들이 자기 신앙을 마음껏 펼칠 수 있는 공간을 열어주셨다. 이전에는 박수조차 쉽게 칠 수 없던 예배당에 기타 등 악기 소리가 울려 퍼지기 시작했고, 통성 기도와 방언 기도가 자연스럽게 이어졌다. 성령의 역사가 청년들 사이에서 강하게 일어났고, 그 결과 많은 청년이 선교사, 목회자, 사모, 선교단체 간사로 헌신하게 되었다. 당시 사역에 헌신한 이들만 해도 30명이 넘었고, 지금도 수많은 이들이 집사, 장로, 권사로서 교회를 든든히 세우며 섬기고 있다.

그 시절, 매주 교회에서 말씀을 듣는 것은 내게 말할 수 없는 기쁨과 감사의 시간이었다. 말씀을 통해 그리고 목사님의 삶을 통해 하나님을 더 깊이 알아가는 시간이 더없이 귀했다. 신앙은 단순한 형식이 아니라 일상 속에서 하나님과 함께 걸어가는 인격적

관계임을 배웠다. 내 신앙은 분명히 성장하고 있었고, 하나님의 말씀은 내 마음을 두드렸으며, 성령의 이끄심은 삶의 방향을 조금씩 바꾸어 놓았다. 그리고 그 모든 중심에, 하나님이 보내주신 한 사람의 충성된 종이 계셨다. 하나님은 좋은 교회와 좋은 목회자를 통해 나를 제자로 훈련시키셨고, 그 은혜의 과정은 내 삶에 수많은 감사의 제목을 남겼다.

내가 신앙의 길을 걸으며 만난 목회자들은 한 분 한 분 모두 귀하고 존경스럽다. 그중에서도 故 박이완 목사님을 빼놓을 수 없다. 목회자들 사이에서도 '성자'(聖者)라 불릴 만큼 인품이 훌륭했고, 늘 낮은 자리에서 성도들과 함께하셨던 분이다. 매일 아침부터 직접 봉고차를 몰고 심방을 다니다 저녁 무렵이 되어서야 교회로 돌아오시던 그 모습은, 한 가정을 돌보는 아버지의 성실함과 다르지 않았다. 박 목사님은 말보다는 삶으로 신앙을 가르쳐 주신 진정한 스승이었다.

조광성 목사님은 따뜻한 마음으로 병든 성도들을 돌보며, 한 사람 한 사람에게 세심한 관심을 기울이셨다. 그분의 삶을 통해 목회자의 사랑이 어떤 것인지 배울 수 있었다. 홍건표 목사님은 체계적인 교회 조직과 운영으로 교회를 유지시킨 분이었으며, 지금은 원로목사님으로서 여전히 많은 성도의 추억 속에 남아 계신다.

김영우 목사님은 젊은 목회자로서 말씀과 사역에 대한 열정으로 성도들에게 깊은 감동과 새로운 활력을 불어넣어 주셨다.

현재 우리 교회는 담임목사가 공석인 상황이지만, 선하신 하나님이 우리 공동체에 꼭 맞는 귀한 목회자를 보내주시리라 믿는다.

성도에게 교회 생활은 단순히 주일에 드리는 예배만을 의미하지 않는다. 전임 목회자의 사역 못지않게, 성도의 삶에서도 교회가 차지하는 비중은 실로 크고 깊다. 매일의 새벽 기도, 수요 예배, 금요 예배, 주일 오전·오후 예배, 각종 봉사와 찬양대 연습, 주일학교 사역, 점심 준비, 교회 청소에 이르기까지 신앙을 중심으로 생활하는 성도에게 교회는 삶의 절반 이상을 차지하는 귀한 터전이다.

성도가 좋은 목회자를 만나는 것은, 올바른 신앙의 길을 걷는 데 있어 더없이 큰 축복이다. 믿음의 길은 때로 외롭고 험할 수 있지만, 그 길을 함께 걷는 목회자가 있다는 사실은 크나큰 위로이자 힘이 된다. 나 또한 하나님을 인격적으로 만났던 시기에 송대웅 목사님이라는 귀한 목회자와 함께하는 축복을 누렸다. 영적으로 갓 태어난 내게 그분의 말씀은 영혼을 울리는 양식이 되었고, 하나님의 임재가 충만한 예배는 내 신앙을 견고히 세우는 밑거름이 되었다. 마치 좋은 음식을 먹으며 건강하게 자라나는 아이처럼,

내 영혼은 그 안에서 힘 있게 자라고 있었다.

하나님의 은혜는 결코 개인의 체험에 머물지 않는다. 하나님이 주시는 축복은 반드시 그리스도의 몸인 교회를 통해 이어지며, 그 교회를 건강하게 이끌어 가는 목회자의 존재는 무엇보다 소중한 축복이다. 나는 그 축복을 삶으로 경험하며 살아왔다. 그리고 지금도 그 은혜에 깊이 감사하며 살아가고 있다.

신앙 훈련: 재정 관리

어느 주일, 예배 가운데 선포된 말씀을 듣는 중이었다. 목사님의 말씀이 내 영혼 깊숙한 곳을 파고들었고, 그중 삶의 한 영역 특히 재정 생활을 직접적으로 가리켰다. 나는 그 자리에서 분명히 깨달을 수 있었다. 하나님이 내게 재정에 대한 도전을 주고 계신다는 것을.

그 전까지 나는 십일조에 대해 깊이 고민해 본 적이 없었다. 십일조를 반드시 드려야 한다는 신념도 뚜렷하지 않았다. 내가 종사하던 사업의 특성상 고정적인 수입이 있는 것도 아니었기에, 일정 금액을 매달 헌금으로 드린다는 것은 현실적으로 쉽지 않았다. 교회에서도 나와 같은 직업군에 있는 이들에게는 '주정'이라는 이름으로 자율적인 헌금을 권장했고, 나 역시 그런 흐름 속에서 특별한 문제의식 없이 신앙생활을 이어가고 있었다. 그러나 그날 말씀을 들을 때 마음 깊은 곳에 묵직한 울림이 일었다.

'이대로는 안 된다. 이 부분까지도 하나님 앞에 정직하게 드려야 한다.' 나는 마음을 정리하고 결단했다. 매달 백만 원씩 드리기로 하나님 앞에 다짐했다. 그 결단의 순간, 내 마음 속에서 또 다른 소리가 들려왔다. '그동안 떼어먹은 건 어쩔 셈이냐?' 깜짝 놀라 주위를 둘러보았지만, 예배당은 여전히 고요했고 모두가 말씀에 집중하고 있었다. '내가 과민했나? 아니면 양심의 소리였을까?' 애써 마음을 다잡아 보려 했지만 그 목소리는 쉽게 사라지지 않았다. 예배 후에도, 집에 돌아온 후에도 그 울림은 가시지 않았고, 내 마음 한편은 불편하고 께름칙한 감정으로 가득 찼다.

며칠을 고민한 끝에, 나는 다시 결단했다. '하나님이 주신 마음이라면, 매달 3백만 원씩 드릴 수 있을 때까지 드리자!' 이 결단은 나에게 있어 신앙의 도약이자 새로운 훈련이었다. 하지만 시간이 흐르면서 분주한 일상에 밀려 그 결단마저도 잊어버렸다.

그렇게 시간이 흘렀고, 성탄절이 지난 어느 겨울 밤 예상치 못한 사건이 일어났다. 자정을 넘긴 시각, 회사 경비원으로부터 긴급한 전화를 받았다. 강풍과 눈보라가 몰아쳐서 회사 3층 조립식 건물이 통째로 날아가 버렸고, 그것이 이웃집을 덮쳤다는 소식이었다.

현장에 도착한 나는 참담한 광경 앞에 말을 잃었다. 백발이 성성한 할머니와 아들이 함께 살던 이웃집은 완전히 무너진 상태였다. 다행히 인명 피해는 없었지만, 그들은 사무실에 들어와 농성을 시작했다. 보상이 이루어질 때까지 떠나지 않겠다는 것이었다.

한 달여간의 협상 끝에, 우리는 무너진 집을 인수하는 조건으로 3천6백만 원을 지급하기로 합의했다. 사건은 일단락되었지만, 내 마음 속에는 도저히 무시할 수 없는 깨달음이 솟구쳤다. '3백만 원 … 한 달 … 12개월 … 3천6백만 원….' 나는 멍하니 하늘을 바라보았다. 마치 하나님이 이렇게 말씀하시는 듯했다. '내가 네게 마음을 주었고, 네가 순종하겠다고 하지 않았느냐. 그러나 너는 잊었고, 나는 잊지 않았다.'

돌아온 주일 아침, 나는 조용히 봉투를 꺼내 3천6백만 원을 정성껏 담았다. 그것은 1년 치 십일조였다. 그리고 조심스럽게 헌금함에 넣으며 깊은 회개 기도를 드렸다. 결국 3천6백만 원은 이웃집 배상금까지 포함되어 7천2백만 원이 되었고, 나는 비로소 하나님 앞에서 무엇이 참된 순종인지 깊이 깨달았다. 하나님의 뜻은 가볍게 넘어갈 수 있는 선택지가 아니라, 반드시 순종으로 응답해야 할 명령임을 뼈저리게 배운 것이다.

하나님은 나의 결단을 기억하셨고, 나의 순종 여부도 기억하고 계셨다. 그날 이후, 나는 재정 문제를 단순히 돈의 문제가 아닌 믿음의 문제로 받아들였다. 그리고 그 사건은 내 삶의 기준을 다시 세우는 은혜로운 계기가 되었다.

헌신은 결코 이론에 머물지 않는다. 반드시 대가를 지불해야 하는 실제적 행위이며, 동시에 하나님의 공급을 경험하는 축복의 통로이기도 하다. 나의 소중한 것이 내 손에서 떠나가는 아픔은 크고 쓰라리지만, 그 고통을 통해 하나님의 손길과 인도를 피부로 느끼게 되는 경험은 돈으로 살 수 없는 값진 은혜였다. 하나님이 일하시는 방식은 언제나 놀랍고 정직하다. 헌신의 자리를 통해 나는 하나님의 살아 계심을, 그리고 그분의 친밀한 사랑을 생생히 경험할 수 있었다.

신앙이란 재물과 시간 그리고 인간관계를 하나님의 관점으로 다시 정비하고 구성하는 과정이다. 세상의 기준에 익숙한 채 살아오던 나의 사고방식과 가치관이 하나님의 말씀 안에서 차츰 정리되고 바로잡혀 갈 때, 나는 비로소 하나님 나라의 기준으로 살아가기 시작했다. 세상의 성공과 가치를 좇던 삶에서 벗어나 하나님의 시선으로 삶을 바라보게 되었을 때, 나는 비로소 참된 자유를 얻었다.

예배 훈련: 주일 성수

어느 평범한 주일 아침이었다. 맑은 공기를 맞으며 여느 때처럼 예배를 준비하면서 마음을 고요히 가다듬고 있었다. 마침 내가 대표 기도를 맡은 날이라 단상에 올라 자리에 앉아 있었다. 예배가 막 시작되려는 순간, 한 사람이 급히 달려와 긴박한 소식을 전했다. 회사에서 화재가 발생했다는 것이었다. 순간 심장이 철렁 내려앉았다. 주일이라 공장에는 경비 인원 외에는 아무도 없었기에 더욱 당황스러웠고, 수많은 생각이 순식간에 스쳐 지나갔다. '불이 얼마나 번졌을까?' '혹시 인명 피해는 없을까?' '공장은 온전히 남아 있을까?' 생각은 여러 곳으로 뻗어나가기 시작했지만, 이상하게도 내 마음과 몸은 크게 요동하지 않았다.

그때의 감정을 명확하게 설명하기는 어렵다. 사람들은 너무 놀라서 그런 것이라고 말하기도 한다. 하지만 나는 안다. 하나님의 평강이 그 순간 내 안에 임했기 때문이라는 것을. 예배가 시작되고, 기도 시간이 점점 다가왔다. 문득 이런 생각이 들었다. '지금 내가 달려간다고 해서 무엇을 막을 수 있을까? 내가 지금 해야 할 일은 이 자리에서 하나님 앞에 서는 것이 아닐까?' 이 생각이 마음을 지배하자, 혼란스러웠던 감정이 조금씩 가라앉았다. 결국 나는 자리를 뜨지 않고 예정대로 대표 기도를 드렸다. 그것은 단순한 결단이라기보다는 하나님이 그 순간 내게 허락하신 담대함이자 평안이었다.

예배를 마친 후 곧장 현장으로 달려갔다. 조급한 마음에 걱정도 되었지만, 주님이 모든 것을 붙들고 계시리라는 확신이 함께 있었다. 현장에 도착해 보니 놀랍게도 화재는 이미 진압된 상태였다. 소방차 한 대만이 남아 뒷정리를 하고 있었고, 다행히도 화재가 초기에 발견되어 큰 피해 없이 마무리되었다. 그 순간, 말로 표현할 수 없는 감사가 마음 깊은 곳에서 터져 나왔다. '주님, 감사합니다!' 예배를 끝까지 지킬 수 있도록 인도해 주신 것, 불길을 조기에 막아주신 것…. 무엇보다 내 마음을 주님께 고정할 수 있도록 붙들어 주신 그 손길이 너무도 선명하게 느껴졌다.

사실, 주님을 인격적으로 만나기 전까지 내가 운영하던 회사는 주일에도 멈추지 않고 돌아갔다. '하루쯤은 괜찮겠지.' '업무가 밀려 있는데 어쩌겠어.' 이런 생각으로 스스로를 합리화할 때, 주일 예배는 종종 맨 뒤로 밀려나 있곤 했다. 그러나 성령의 강한 임재를 경험한 이후 모든 것이 달라졌다. 나는 회사를 주님의 손에 온전히 맡기기로 결단했고, 그 순간부터 주일은 반드시 쉬는 날로 정하고 공장을 멈추게 했다. 처음에는 염려가 많았다. 매출이 줄지는 않을까, 거래처의 신뢰에 문제가 생기지는 않을까 등등 여러

가지 현실적인 두려움이 엄습해 왔다. 그러나 주님은 놀라운 방식으로 응답하셨다.

예상과 달리, 주일을 철저히 지키기 시작한 이후부터 주문량이 급격히 증가하기 시작했다. 감당하기 어려울 만큼 일이 밀려들었고, 출고 일정이 6개월 이상 밀릴 정도로 바쁜 날들이 이어졌다. 직원 수는 50여 명에서 2백 명 가까이로 늘었고, 미국 전역으로 수출되는 수농기구의 약 20퍼센트가 우리 제품이라는 통계를 접하게 되었다. 부족한 인력은 중국 현지 공장을 통해 충원했다. 대부분 조선족 출신이었고, 이미 우리 회사에서 함께 일하던 이들이었기에 한국에 와서도 잘 적응할 수 있었다.

무엇보다 감사한 것은, 그들이 모두 예배에 참여하게 되었다는 사실이다. 주일이면 자연스럽게 교회에 나와 함께 예배를 드렸고, 교회는 이들을 위한 별도의 구역을 마련해 정성껏 섬겼다. 그들 중에는 신학을 공부하며 사역자의 길을 준비하는 이들도 있었다. 교회는 그들의 부르심을 소중히 여기며 아낌없는 격려와 사랑으로 동역했다. 그들의 신앙 여정은 믿음의 공동체 안에서 더욱 단단히 세워졌다.

지금 돌아보면 모든 과정이 하나님의 인도였다. 위기의 순간에도 예배의 자리를 지킬 수 있도록 하셨고, 순종 위에 기적의 문을 열어주셨다. 그 과정을 통해 나는 하나님이 얼마나 세밀하게 일하시며, 신실하게 역사하시는 분인지 깊이 체험할 수 있었다.

하나님을 만나는 시간은 우리의 삶에서 가장 소중한 시간이다. 개인적으로 기도하고 찬양하며 예배하는 것도 귀하고 복된 일이지만, 신앙 공동체가 함께 모여 정기적으로 하나님을 예배하는 일은 그 무엇과도 비교할 수 없는 큰 은혜이다. 예배 가운데 임하시는 하나님을 함께 경험하는 그 자리는, 우리를 가족으로 부르신 하나님 아버지를 함께 체험하는 시간이다. 흩어져 있던 성도들이 한자리에 모여 하나님을 높이는 그 순간, 주님은 더욱 깊고 풍성하게 우리 가운데 임하신다.

예배는 내 영혼을 새롭게 하고 살아나게 하는 은혜의 통로이다. 예배에 우선순위를 두고 살아가는 성도는 이미 하나님 나라의 기쁨을 이 땅에서 누리고 있는 것이다. 세상의 바쁜 일정과 급박한 일들이 마음을 빼앗으려 해도, 우리의 첫 시간과 가장 소중한 시간을 예배로 하나님께 드릴 때, 주님의 임재와 능력을 삶 속에서 생생히 경험할 수 있다.

그래서 예배는 선택이 아니라 생명이다. 예배를 통해 우리는 하나님을 만나고 그분의 사랑과 뜻을 다시 새기며, 그 만남을 통해 우리의 일상이 새롭게 변화된다. 그리고 그렇게 변화된 삶은 이 땅에서 하나님 나라를 살아내는 증거가 된다.

전도 훈련: 예수 초청 1만 명 큰 잔치

1991년 가을, 정확히는 10월 20일. 그날은 우리 교회의 역사에서 영원히 잊을 수 없는 순간으로 남아 있다. 당시 교인의 수는 천 명도 채 되지 않았지만 온 성도가 한마음으로 전도에 집중하며 '예수 초청 1만 명 큰 잔치'라는 믿음의 도전에 나섰다. 우리는 이날을 줄여 '10.20'이라 불렀고, 주일 하루 동안 열 차례에 걸쳐 예배를 드리며 1만 명을 초청하는 거대한 비전을 품었다.

송대웅 목사님의 담대한 선포가 성도들의 마음을 흔들었고, 전 교회가 전례 없는 열정으로 기도와 전도에 헌신했다. 나 역시 그 믿음의 대열에 함께했고, 교회 홍보를 맡아 포스터, 현수막, 안내 자료 등을 제작하며 하나님의 소망을 성도들의 마음에 심고자 힘썼다. 거리로 나가 전도지를 나누고 사람들을 만나 복음을 전하면서, 내 안에도 전도에 대한 거룩한 열정이 타오르기 시작했다.

우리 부부는 밤에는 교회에서 눈물로 기도했고, 낮에는 거리에서 전도에 힘썼다. 교회에서 전도지 천 장을 받아 품에 안고, 청소하시는 분들에게 다가가 선물을 건네며 따뜻하게 예수님의 사랑을 전했다. 나는 당시 군산국민학교 학부모 운영위원장을 맡고 있던 터라 교직원들을 초청했는데, 후에 하나님이 그 길을 열어주셔서 교장실에서 성경공부 모임이 시작되는 기적 같은 일이 일어나기도 했다. 딸 수현이의 담임교사를 통해 군산여중 선생님들도 예배 자리에 함께할 수 있었다. 나는 학교뿐만 아니라 회사 직원들과 거래 은행의 직원들에게도 정성껏 초청장을 전했다.

그러던 중 보험 모집인으로 일하던 한 분과 인연이 닿았다. 그는 유흥업소 관계자들과 폭넓은 인맥을 맺고 있었는데, 뜻밖에도 나를 개복동의 좁고 어두운 골목까지 이끌었다. 처음부터 계획한 곳은 아니었지만 곧 그것이 하나님의 계획임을 깨달았다.

"와 보라, 와 보면 안다!" 이 구호 하나 붙잡고, 40일 동안 골목골목을 누비며 초청장을 전했다. 초청장을 무심히 받는 이들도 있었고, 누군가는 거절과 냉대로 반응하기도 했다. 노골적으로 화를 내는 사람도 있었고, 심지어 쫓겨난 적도 있었다. 그러나 나는 아랑곳하지 않았다. 웃으며, 때로는 눈물을 삼키며 복음 전하는 걸음을 멈추지 않았다.

전도의 길은 결코 녹록치 않았다. 어떤 은행에서는 담당자가 나와서 "왜 그런 일로 은행까지 찾아오느냐!"며 면박을 주기도 했고, 사람들 앞에서 망신을 당한 적도 있었다. 어떤 이는 내게 소금을 뿌렸고, 어떤 이는 침을 뱉었다. 그러나 그 모든 조롱과 핍박에도 내 마음은 흔들리지 않았다. 내 안에는 주님이 주시는 담대함이 있었기 때문이다. 주님을 위한 핍박은 나를 무너뜨릴 수 없었고, 오히려 하나님의 위로와 격려가 내 영혼을 더욱 강하게 했다. 하나님은 내가 겪는 모든 수모와 아픔을 가볍게 이기게 하셨다.

그리고 마침내, 하나님의 은혜로 놀라운 결실을 거두게 되었다. 내가 초대한 사람들 가운데 70퍼센트 이상이 행사에 참석하여 복음을 듣고 결신하는 역사가 일어났다. 특히 여러 차례 초대했던 외환은행 지점장 이하 전 직원이 행사 당일 모두 예배에 참석한 기적 같은 장면은 지금도 내 기억 속에 선명하게 남아 있다.

아내 최갑실 권사와 함께 전도에 힘쓴 결과, 나는 538명을 아내는 167명을 초대하여, 부부가 함께 700명이 넘는 이들을 하나님의 잔치로 인도할 수 있었다. 그날의 감격은 말로 다 표현할 수 없다. 많은 사람이 거리에서, 골목에서, 학교와 은행 그리고 유흥업소의 어두운 골목에서 나와 예배의 자리로 모였다. 하나님은 우리의 땀과 눈물을 기억하고 놀라운 열매로 응답해 주셨다. 우리는 한 영혼이라도 더 주님께 인도하고자 달려갔고, 주님은 그 모든 수고 위에 은혜를 부어주셨다.

'예수 초청 1만 명 큰 잔치'는 우리에게 단순한 행사가 아니었다. 하나님의 사랑과 능력이 얼마나 위대하고 놀라운지를 몸소 체험한 시간이었다. 지금도 그날을 떠올릴 때마다 뜨거운 눈물이 흐른다. 하나님의 놀라운 은혜와 우리 안에 심어주신 거룩한 열정을 기억하며, 앞으로도 복음의 길을 걸어가기를 다짐한다.

전도할 때 나눴던 말씀 1: 삶의 이상(理想)

"나는 누구인가?"

"나는 어디서 왔고, 어디로 가는 존재인가?"

"내 삶의 이상은 무엇일까?"

한번쯤 이런 질문을 던져본 적이 있을 것입니다. 모든 사람은 자유롭게 삶의 목표를 세울 수 있습니다. 어떤 사람은 재물이나 명예를 목표로 삼고, 어떤 사람은 사회를 위해 봉사하는 공익적인 삶을 택하기도 합니다. 하지만 먹고 사는 일조차 힘겨워 하는 이들도 많습니다. 그들은 삶의 이상을 생각할 겨를도 없이 그저 하루하루 살아가는 데 몰두할 뿐입니다.

옛날에는 운동장에서 '땅 따먹기' 놀이를 하는 아이들이 많았습니다. 땅따먹기는 손가락으로 작은 돌을 튕겨가며 자기 땅을 조금씩 넓혀가는 단순하지만 재미있는 놀이입니다. 한번 상상해 봅시다. 당신이 그 놀이 속에서 늘 자기 땅이 작아 속상해하던 한 소년이라고 말입니다. 그러던 어느 날, 놀라운 일이 벌어집니다. 유달리 운이 좋았던 그날, 당신의 땅은 믿기 어려울 만큼 커졌고 다른 친구들의 땅은 모두 작아졌습니다.

그 하루는 당신에게 정말 신나는 날이었을 것입니다. 많은 사람이 이 장면을 함께 봐주었으면 하고 바랐을 것이고, 누군가에게 당신의 넓어진 땅을 자랑하고 싶었을지도 모릅니다. 하지만 기쁨은 오래가지 않았습니다.

쉬는 시간이 끝나고 수업 시작을 알리는 종소리가 울리자, 친구들은 각자의 땅을 그대로 두고 운동장을 빠져나갔습니다. 그리고 당신은 넓은 땅을 앞에 둔 채 그 자리에 홀로 남았습니다. 그 순간, 소년이던 당신이 느꼈을 그 허무함이 얼마나 깊고 클지 생각해 보십시오. 모두가 떠난 자리에 홀로 남겨진 허망함은 오래도록 마음에 남았을 것입니다.

우리 삶의 목표들도 이와 같지 않을까요? 아무리 큰 성공을 이룬다 해도, 마지막 종이 울리는 순간 모든 것이 흙으로 돌아간다면, 우리가 추구했던 삶의 이상은 결국 물거품에 불과하지 않을까요? 그래서 우리는 영원히 사라지지 않는, 흙으로 돌아가지 않는 참된 삶의 이상을 찾아야 합니다.

그 이상은 바로 2천 년 전 우리에게 오신 예수 그리스도입니다. 예수님은 우리 죄를 대신해 십자가에 못 박혀 죽으셨고, 사흘 만에 다시 살아나서 부활의 첫 열매가 되셨습니다. 그리고 지금도 하나님 보좌 우편에서 우리를 위해 중보하고 계십니다. 이 예수 그리스도를 믿고 따르는 것, 그것이야말로 우리를 영생으로 인도하는 진정한 삶의 이상입니다.

전도할 때 나눴던 말씀 2: 복음, 당신을 향한 하나님의 초대

안녕하세요? 반갑습니다! 우리가 오늘 이렇게 만난 것은 단순한 우연일까요? 여러 가지 이유가 있을 수 있지만, 하나님이 우리를 이 자리로 인도하셨음을 믿습니다. 우리의 결정을 통해 인연이 맺어졌다고 생각할 수도 있지만, 그 모든 인연과 생각을 주관하고 여기까지 이끄신 분은 바로 하나님입니다. 하나님은 택한 백성을 부르시고, 가까이 하시는 분입니다. "주께서 택하시고 가까이 오게 하사 주의 뜰에 살게 하신 사람은 복이 있나이다"(시 65:4a).

그래서 이 만남은 축복입니다. 우리는 축복받은 사람입니다. 아멘! 오늘 저는 여러분께 복음, 바로 좋은 소식을 전하려고 합니다. 많은 사람이 예수님을 알고 기독교를 안다고 하지만, 정작 복음의 핵심을 놓치는 경우가 많습니다. 예를 들어 어떤 사람을 소개할 때, 그 사람의 옆모습이나 뒷모습만 보여주고 "이 사람이야!"라고 말한다면 우리는 그 사람을 제대로 아는 것일까요? 마찬가지입니다. 기독교를 예수님의 가르침이나 기적, 믿는 자들의 성결한 삶만으로 설명한다면, 그것은 옆모습만 보는 것에 불과합니다. 기독교의 중심은 바로 복음입니다. 예수님이 직접 전하셨고, 사도들이 목숨을 걸고 증거했던 그 복음 말입니다.

"내가 … 너희에게 이것을 쓰는 것은 너희로 하여금 너희에게 영생이 있음을 알게 하려 함이라"(요일 5:13). 성경이 기록된 목적은 명확합니다. 바로 우리에게 영생, 곧 천국이 있다는 사실을 알게 하려는 것입니다.

하지만 많은 사람이 여전히 믿기를 주저합니다. 특히 세상 학문을 많이 쌓은 사람일수록 더 의심하고, 자기 지혜와 능력을 믿으면서 교만하게 살아갑니다. 그러나 명심해야 합니다. 어쩌면 복음을 듣는 오늘 이 시간이 우리 생애 마지막 기회가 될 수도 있다는 사실을 말입니다.

"초상집에 가는 것이 잔칫집에 가는 것보다 나으니 모든 사람의 끝이 이와 같이 됨이라"(전 7:2a). 우리는 죽음을 준비하는 지혜를 가져야 합니다. 그래서 저는 이 복음을 '선택 사항'으로 제한하지 않겠습니다. 꼭 붙잡아야 할 생명의 문제이기 때문입니다.

"죄의 삯은 사망이요 하나님의 은사는 그리스도 예수 우리 주 안에 있는 영생이니라"(롬 6:23). 천국은 하나님의 은혜로 주어지는 선물입니다. 돈이나 선행이나 자격으로 얻는 것이 아닙니다. "너희는 그 은혜에 의하여 믿음으로 말미암아 구원을 받았나니 이것은 너희에게서 난 것이 아니요 하나님의 선물이라"(엡 2:8).

우리는 모두 죄인입니다. "모든 사람이 죄를 범하였으매 하나님의 영광에 이르지 못하더니"(롬 3:23). 겉으로는 괜찮아 보여도 거짓말, 시기, 미움, 생각으로 짓는 죄들까지 우리는 하루에도 수없이 많은 죄를 짓습니다.

그러나 하나님은 거룩하십니다. 조금이라도 흠이 있으면 우리는 그 앞에 설 수 없습니다. "그러므로 하늘에 계신 너희 아버지의 온전하심과 같이 너희도 온전하라"(마 5:48). 그렇지만 우리 스스로는 그 온전함에 이를 수 없습니다. 바다에 빠진 사람이 자기 머리채를 잡아 끌어올릴 수 없는 것처럼 우리는 스스로를 구원할 수 없습니다.

그런 우리를 하나님이 사랑하셨습니다. "하나님은 사랑이심이라"(요일 4:8b). 그러나 동시에 하나님은 의롭기 때문에 죄를 그냥 넘어가실 수 없습니다. "벌을 면제하지는 아니하고…"(출 34:7b).

이 딜레마를 해결하기 위해 하나님은 그분의 아들 예수 그리스도를 보내셨습니다. 예수님은 하나님이면서 사람이십니다. 그분이 십자가에서 우리의 죗값을 대신 치르셨습니다. "그가 찔림은 우리의 허물 때문이요 그가 상함은 우리의 죄악 때문이라"(사 53:5a). 예수님은 우리 죄를 대신 지고 죽으셨고, 사흘 만에 부활하셨습니다. 지금도 살아 계시며 우리를 위해 처소를 예비하고 계십니다.

"예수께서 이르시되 내가 곧 길이요 진리요 생명이니 나로 말미암지 않고는 아버지께로 올 자가 없느니라"(요 14:6). 구원의 길은 오직 예수님 한 분입니다.

이제 우리는 어떻게 해야 할까요?

첫째, 내가 죄인임을 인정해야 합니다.

둘째, 나를 구원할 수 있는 유일한 길은 예수님의 십자가임을 믿어야 합니다.

셋째, 예수님을 나의 구주로 모셔야 합니다.

"다른 이로써는 구원을 받을 수 없나니 천하 사람 중에 구원을 받을 만한 다른 이름을 우리에게 주신 일이 없음이라 하였더라"(행 4:12). "아들이 있는 자에게는 생명이 있고 하나님의 아들이 없는 자에게는 생명이 없느니라"(요일 5:12).

지금 이 시간, 마음을 열고 예수님을 구주로 받아들이십시오. 당신의 죄를 회개하고, 십자가 앞에 나아가십시오. 영원한 생명, 천국이 바로 당신을 기다리고 있습니다.

기도하겠습니다.

"하나님 아버지, 지금 제가 들은 복음의 말씀을 믿을 수 있도록 도와주세요. 지금까지 저질렀던 모든 죄를 회개합니다. 저를 용서해 주시고, 구원의 확신을 갖게 해주세요. 예수님의 이름으로 기도합니다. 아멘."

스스로도 이렇게 기도해 보세요.

"하나님 아버지, 예수 그리스도를 나의 구주로 영접합니다. 십자가에서 저의 죄를 대신 지신 주님을 믿습니다. 저를 구원해 주시고, 영생을 주심을 감사합니다. 예수님의 이름으로 기도합니다. 아멘."

선포식이 있던 날부터 행사 당일까지, 교회는 말 그대로 '성령의 불길'로 덮여 있었다. 담임목사님의 40일 금식 기도, 성도들의 1천2백 시간 릴레이 기도, 전도 특공대의 40일 작전 기도…. 5백 명이 넘는 성도가 자발적으로 봉사에 헌신했고, 행사 비용을 서로 먼저 감당하겠다고 나서는 은혜의 물결이 이어졌다. 행사 당일에는 대형 버스 10대와 내가 운영하던 회사의 차량까지 총동원되어 군산 시내 전역을 누비며 초청자들을 교회로 모셨다. 학생들도 정류장에서 봉사하며, 전 교인이 한마음 한뜻으로 움직였다. 지금 생각해도 가슴이 벅차오르는 하루였다.

하나님의 역사였다. 그때를 돌아보면 놀랍다는 말 외에 설명할 길이 없다. 무엇보다 당시 전도 받은 이들 중 일부가 지금까지도 신앙을 지키고 있는 모습을 보면, 구원의 역사는 인간의 계산이나 상식을 초월한다는 사실을 절실히 깨닫게 된다.

하나님을 인격적으로 만나고 그분을 깊이 경험하면, 자연스럽게 그 소식을 다른 사람에게 전하고 싶어진다. 그것은 억지로 만들어 내는 것도, 누군가의 강요로 이루어지는 것도 아니다. 복음은 가식적이지 않으며 억압적이지도 않다. 마치 물이 높은 곳에서 낮은 곳으로 흘러가듯, 자연스럽고도 부드럽게 움직인다. 성령의 역사도 마찬가지다. 하나님을 진정으로 만나면, 그분의 이야기를 전하고 싶어 가만히 있을 수가 없다. 마치 사랑하는 사람을 만난 이가 그 사랑을 자랑하고 싶어 하는 것처럼, 복음을 나누고 싶어 몸부림칠 수밖에 없다. 나누지 않으면 입이 근질거리고, 전하지 않으면 가슴이 답답해지는 것이다.

그래서 복음 전파는 단순히 인간의 결심이나 의지로만 이루어지는 일이 아니다. 복음을 전하는 것은 하나님의 도움과 아주 긴밀하게 연결되어 있다. 하나님이 내 안에서 일하시기 때문에 나도 일할 수밖에 없고, 내가 순종하면 하나님은 다시금 역사하신다.

이렇듯 복음 전파는 하나님과 나 사이에 이루어지는 놀라운 선순환이다. 하나님이 일하시니 내가 움직이고, 내가 순종하니 하나님이 또 일하신다. 이 신비하고도 영광스러운 선순환 속에서 복음은 퍼져나가고, 세상은 변하기 시작한다.

내가 예수님을 전심으로 믿기 시작한 것은 마흔네 살 무렵이었다. 그 이후 나는 '예수님한테 미쳤다'는 말을 들어도 전혀 개의치 않았다. 아니, 오히려 그런 말을 듣고 싶을 정도로 복음에 사로잡혀 있었다. '예수 초청 1만 명 큰 잔치'는 내게 신앙적으로 커다란 도약의 시간이었고, 깊은 내적 성취감을 안겨주었다.

하지만 시간이 지나면서, 전도된 많은 사람이 정착하지 못한 채 교회를 떠나는 모습을 보며 안타까움이 컸다. '그날 예배에 참석하여 복음을 받아들인 사람들은 많았지만, 과연 몇이나 남아 신앙의 뿌리를 내렸을까?'라는 질문이 머릿속에서 떠나지 않았다. 한 번의 교회 행사를 위해 이 잔치를 준비한 것이 아니라, 하나님의 자녀들이 태어나고 성장하길 원했기 때문이다.

담임목사님부터 모든 성도가 함께 헌신했지만, 이후의 돌봄과 양육이 충분하지 못했다는 현실을 직시하게 되었고, 그로 인한 깊은 아쉬움과 책임감을 함께 느꼈다. 하나님은 9,972명의 이름 없는 영혼들을 향한 안타까움을 마음 깊이 새겨주셨고, 복음의 열매가 온전히 자랄 수 있도록 돌보고 세워야 함을 가르쳐 주셨다. 복음은 심는 것으로 끝나지 않는다. 돌보아야 하고, 함께 걸어야 하며, 끝까지 책임져야 한다. 그렇게 한 사람 한 영혼이 살아나고, 자라나고, 뿌리내릴 때 비로소 교회는 그 본질을 완성해 간다.

섬김 훈련: 새신자 반

'예수 초청 1만 명 큰 잔치'를 마친 후, 마음 깊은 곳에 남은 아쉬움은 쉽게 사라지지 않았다. 초청된 수많은 사람을 교회 안에 안정적으로 정착시킬 체계적인 준비가 거의 되어 있지 않았다는 사실이 뼈아프게 다가왔다. 복음을 전하고 결신으로 이어지는 감격이 있었지만, 신앙생활을 구체적으로 돕기 위한 평신도 훈련이나 돌봄이 제대로 마련되어 있지 않았다. 수백 명이 복음을 받아들였지만, 실제로 교회에 정착한 이들은 몇 십 명에 불과했다.

복음을 들었음에도 교회를 떠나는 이들의 뒷모습은 내게 깊은 고민을 안겨주었다. 이 마음은 나 혼자만의 것이 아니었다. 함께 은혜를 경험한 몇몇 성도와 같은 부담을 나누었고, 마침내 우리는 1992년에 자발적으로 '새신자 반'을 조직하기로 결단했다. 그때 성령께서 내 마음에 이렇게 말씀하셨다. "이제는 너 자신만의 믿음으로 만족하지 말고, 누군가를 품고 양육하라." 그 음성에 순종하여 첫 걸음을 내디딜 수 있었던 것, 그것은 전적인 하나님의 은혜였다.

새신자 반의 목적은 단순히 교회를 소개하거나 프로그램을 안내하는 데 있지 않았다. 새로 온 이들이 복음을 온전히 이해하고, 신앙의 기초를 든든히 다지며, 공동체 안에 자연스럽게 자리 잡을 수 있도록 돕는 데 있었다. 무엇보다 새신자 한 사람 한 사람을 소중한 가족으로 받아들이며 따뜻하게 섬기는 마음이 그 중심에 있었다.

이를 위해 우리 팀은 세심하게 준비했다. 주일 오전 예배가 끝나기 전, 환영 장소에 먼저 내려가 잔잔한 찬양으로 따뜻한 분위기를 조성했다. 새신자들이 자리에 앉으면 찬양을 멈추고, 담당

목사님이 교회를 소개한 후 기념품을 증정했다. 그리고 다시 찬양을 이어가며 '우리는 이제 한가족이 되었다'는 메시지를 전했다.

여성 팀원들은 새신자 곁에 앉아 자연스럽게 대화를 나누었고, 식사 자리까지 동행하며 교제를 이어갔다. 남성 팀원들은 앞치마를 두르고 식사 섬김을 맡았다. "밥을 더 드릴까요?" "차는 어떤 것으로 드릴까요?" 정성 어린 손길은 새신자들에게 진심 어린 환대를 전했고, 낯선 공간에서도 따뜻한 가족 같은 분위기를 느낄 수 있도록 도왔다. 식사 후에는 다시 찬양으로 그들을 배웅했고, 누구도 외롭게 교회를 떠나지 않도록 마음을 다해 품었다.

이러한 환영과 섬김은 새신자들에게 깊은 감동을 주었다. 많은 사람이 "평생 처음으로 따뜻한 대접을 받았습니다"라며 눈시울을 붉혔다. 교회 정착률은 무려 70퍼센트를 넘었고, 매주 기도 모임마다 우리는 감사의 눈물을 흘렸다.

초기에는 스태프들이 자비로 모든 운영을 감당했다. 헌신적으로 기부하며 하나하나 준비했지만, 이후 교회의 공식 기관으로 인정되어 예산을 지원받았고 그러면서 사역은 더욱 안정적으로 이어졌다.

송대웅 목사님은 새신자 전담 부목사님을 청빙하시고, 전도폭발 훈련 전문가인 김양태 목사님(당시 전도사님)을 부교역자로 초빙해

주셨다. 우리 팀은 이 훈련을 통해 새신자를 양육하는 구체적이고 체계적인 방법을 배웠고, 그 열정은 교회 전체로 퍼져나가 수많은 성도가 복음 전파와 양육에 동참했다.

특히 환영회가 끝난 후, 담당 목사님은 새신자 한 사람 한 사람에게 가장 알맞은 스태프를 배정해 주셨다. 스태프들은 8주 동안 각자의 새신자를 책임지며 섬겼는데, 매주 편지를 보내고, 안부 전화를 하고, 때로는 식사를 함께하며 정성과 사랑을 아끼지 않았다.

이 사역이 진행되는 동안 나는 전도폭발 지도자 과정을 수료하고 정식 교사 자격을 얻었으며, 구원의 확신이 없는 기존 신자들과 새신자들에게 복음을 지속적으로 전했다. 그 과정에서, 놀랍게도 오랜 시간 교회에 다녔음에도 여전히 구원의 확신을 갖지 못한 이들이 많다는 사실을 깨달았다. 이 사실은 복음을 전하고 양육하는 사명을 더욱 깊이 새기게 했다.

시간이 흐르면서 변화도 찾아왔다. 송대웅 목사님의 이임 이후 새신자 수가 조금씩 줄어들기 시작했고, 교회의 활기도 점차 사그라졌다. 너무도 가슴 아프고 안타까웠다.

그러나 그 모든 시간 속에서 나는 하나님의 은혜를 경험했다. 한 영혼 한 영혼을 소중히 여기며 끝까지 복음을 전했던 여정은, 단순한 사역을 넘어 하나님의 사랑과 충만한 축복을 체험하는 시간이었다. 지금도 그 시절의 감격은 내 마음 깊은 곳에 살아 있다. 작은 헌신이 만들어 낸 위대한 열매, 변하지 않는 하나님의 사랑. 그것이 우리가 걸어온 길의 진정한 의미였다.

새신자에게 보낸 손 편지(도입 부분)

안녕하세요!

형제님 내외분이 매주 교회에 나와 함께 예배드리시는 모습을 뵐 때마다 깊은 감동이 밀려옵니다. 저도 이렇게 기쁜데, 하늘에 계신 하나님은 얼마나 더 기쁘고 반가워하실까요. 형제님 내외분과 한자리에서 하나님을 예배할 수 있도록 인도해 주신 주님의 은혜에 다시 한번 감사드립니다.

평소 얼마나 바쁘신 분들인지 알고 있지만, 그래도 주일마다 예배 자리에 빠지지 않고 함께해 주시길 저는 늘 기도하고 있습니다. 우리가 이렇게 만나고 교제한 지도 어느덧 제법 긴 시간이 흘렀습니다. 그 시간 동안 서로를 귀하게 여기며 마음을 나눌 수 있었던 것도 전적인 하나님의 인도였음을 고백하게 됩니다.

하지만 한 가지 마음에 남아 있는 부분이 있습니다. 그동안 우리는 참 많은 이야기를 나누었지만, 정작 가장 중요한 이야기인 예수 그리스도의 복음에 대해서는 깊이 나눌 시간이 없었습니다. 그래서 오늘, 늦었지만 이 편지를 통해 꼭 전하고 싶은 말씀이 있습니다.

저는 두 분도 제가 믿고 있는 복음을 함께 믿고, 같은 믿음 안에서 하나님을 더욱 깊이 알아가게 되기를 진심으로 기도합니다. 이 글을 읽기 전에 잠시 눈을 감고 조용히 기도해 보시겠어요? "하나님, 이 말씀을 통해 제 마음이 열리고, 진리를 깨닫게 해주세요." 그렇게 하나님께 마음의 문을 열고 읽으시면, 제가 말씀드리는 내용이 더 깊은 이해와 감동으로 다가오리라 믿습니다.

사랑하는 나의 교회

좋은 성도들

하나님은 내 삶에 믿음의 길을 함께 걸어갈 사람들을 하나둘 붙여주기 시작하셨다. 그분들과의 만남은 단순한 인간관계를 넘어, 하나님 안에서의 영적 동행이자 소중한 은혜의 선물이었다.

시간이 흘러 교회는 나를 구역 강사로 임명했다. 처음에는 그저 순종하는 마음으로 구역을 맡았는데, 막상 배정받은 구역을 보니 믿음이 깊기로 소문난 임인수 장로님과 최화남 권사님 내외분이 속한 곳이었다. 한편으로는 부담도 되고 어떻게 감당해야 할지 막막하기도 했다. 하지만 지나고 보니 그 구역을 섬기면서 오히려 내가 더 많은 은혜와 배움을 얻었다.

임 장로님 부부와 가까이 교제하며 신앙의 깊이를 배울 수 있었고, 섬김의 자세와 기도의 힘이 삶에서 어떻게 드러나는지를 눈앞에서 보며 신앙의 본을 체득하게 되었다. 그러던 중 1992년, 아직 젊은 나이였던 임 장로님이 소천하셨다. 그 소식은 내게 큰 충격이었고 말로 표현할 수 없는 상실감을 안겨주었다. 하지만 동시에 믿음의 선배가 한 사람의 신앙에 얼마나 중요한 영향을 끼치는지, 그리고 믿음의 동반자가 곁에 있다는 것이 얼마나 복된 일인지 깊이 깨닫는 계기가 되었다.

참 아픈 세월을 사셨는데
생각해 볼 겨를도 없이
하루하루 절박하게 살다 가셨는데

울컥 치미는 설움
먼 하늘, 떠가는 소망의 구름에
아닌 듯 실어 보낸다

故 임인수 장로님은 내 신앙 여정에서 따뜻한 스승이자 든든한 멘토였다. 장로님은 내가 하나님의 지혜를 간구하도록 부드럽게 이끌어 주셨고, 기도의 소중함을 삶으로 가르쳐 주셨다. 스스로 절제의 본이 되어주셨으며, 말보다는 행동으로 신앙인의 모습을 보여주셨다.

새신자반을 운영하는 일이 힘들어 지칠 때마다 장로님은 조용히 다가와 힘이 되어주셨다. 때로는 필요한 조언을 건네주셨고, 때로는 직접 손을 보태어 어려운 상황을 함께 감당해 주셨다. 외부 사역을 위해 봉사할 때도 언제나 함께하며 따뜻한 응원과 기도로 힘을 실어주셨다. 장로님과 함께한 시간들은 나에게 참으로 소중한 선물이었고, 그 따뜻한 가르침과 기도의 기억이 지금까지 내 믿음의 길을 밝혀주고 있다. 장로님의 사랑과 헌신은 내 마음 깊은 곳에 고이 간직되어 있으며, 앞으로도 나를 하나님의 품으로 부드럽게 이끌어 줄 것이다.

임 장로님이 소천하신 후, 나는 새롭게 배정받은 구역에서 섬김의 자리를 이어갔다. 그 구역에는 교통약자 어르신들이 많았는데 그분들은 예배 참석에 어려움을 겪고 계셨다. 나는 개인 차량을 활용하여 먼 거리에 거주하시는 할머니들을 예배나 모임에 모시고 가기 시작했다. 처음에는 조심스러웠지만, 할머니들은 나를 손주 대하듯 따뜻하게 반겨주셨고 함께 드리는 예배를 무척 기뻐하셨다. 평생을 섬김의 자리에서 살아오신 분들이라 오히려 나를 더 챙겨주시곤 했다. 구역 강사로서 그분들을 섬긴다고 생각했지만, 정작 내가 그분들의 사랑과 섬김을 받고 있음을 깨닫는 순간들이 많았다.

구역 모임이 있을 때면 할머니들은 "무엇을 좋아하느냐"고 꼭 물어보셨다. 나는 할머니들이 부담 갖지 않으시도록 "삶은 달걀"이라고 말씀드렸다. 그 이후로는 어느 집에 가든 삶은 달걀이 준비되어 있었고, 내가 많이 먹지 않은 것 같으면 할머니들은 내 윗도리 주머니에 달걀을 하나씩 넣어주며 "가면서 먹어"라고 말씀하시곤 했다. 그 따뜻하고 순박한 사랑이 잔잔한 감동으로 가슴에 남았다.

선교부 총무로 봉사할 때는, 교회에서 후원하는 농어촌 교회의 목회자 부부와 해외 선교사 부부들을 초청하여, 교우들의 가정에서 홈스테이 형식으로 모시기도 했다. 환영의 마음을 담아 집집마다 정성스런 장식으로 꾸미고, 가족들은 손수 쓴 편지로 따뜻한 마음을 전했다. 2박 3일 동안 온 교회가 마음을 모아 극진히 섬겼던 그 시간은, 초청된 분들에게 큰 감동으로 남았다는 이야기를 많이 들었다. 아쉬운 점이 있다면, 예산이 따로 책정되지 않아 모든 비용을 자비로 감당해야 했다는 점이다. 이로 인해 해외에서 사역 중이신 선교사님들까지는 초청하지 못했던 것이 늘 마음에 남는다. 그러나 제한된 여건 속에서도 최선을 다해 준비하고 섬겼기에, 그 시간은 여전히 귀하고 아름다운 기억으로 자리하고 있다.

또한 시골의 미자립 교회를 방문하여 전도와 봉사를 병행했던 일도 귀한 기억으로 남아 있다. 의사를 비롯한 의료 봉사자들과, 전도 훈련을 받은 전도자들이 함께 시골 마을을 순회하며 복음을 전하고 주민들을 섬겼다. 환자들을 진료하고, 약 처방을 기다리는 동안에는 한 분 한 분과 대화하며 복음을 나누었다. 작은 선물과 함께 건넨 복음의 말씀이 얼마나 많은 분의 마음에 따뜻하게 전달되었는지, 방문 이후 그 교회의 목사님이 알려주셨다. 마을 주민 대부분이 주일 예배에 참석하게 되었다는 기쁜 소식이었다. 그 말씀을 듣고 얼마나 감격했는지 모른다. 하지만 이후 목사님이 정기적인 방문을 요청하셨을 때, 의료진 섭외의 어려움으로 충분한 응답을 드리지 못했던 것이 안타까움으로 남아 있다.

이 모든 섬김의 시간들은 내가 무엇을 전하고 나누었는지를 넘어, 하나님이 얼마나 풍성하게 채워주셨는지를 깨닫게 한 은혜의 시간이었다. 섬김을 실천한 내가 오히려 섬김을 받고, 사랑을 주려 했던 내가 더 큰 사랑을 받은 순간들이었다. 그 시간과 감동들을 기억하며 앞으로도 다양한 섬김을 삶 속에서 이어가고 싶다.

은퇴 이후에는 자연스럽게 구역 활동에 관심을 기울이게 되었다. 구역 식구는 약 20여 명에 이르렀지만, 실제로 구역 예배에 참석하는 인원은 4-6명 정도에 불과했다. 이는 교회 전체적으로도 비슷한 상황이었다. 나는 고민 끝에 교회에 제안했다. "제가 전도한 분들을 저희 부부가 직접 돌볼 수 있도록 허락해 주십시오." 이 제안이 받아들여져서 별도로 구역을 꾸리게 되었고, 내가 전도한 분들을 중심으로 구역 모임이 시작되었다.

비록 모두가 나를 통해 교회에 나온 사람들은 아니었지만, 그때를 기점으로 구역은 점차 성장하여 지금은 13명 이상이 모인다. 구역이 커지면서 모임 장소, 식사 준비 등 현실적인 어려움도 있었지만, 구역 모임은 나의 신앙생활에 새로운 기쁨과 생명을 불어넣어 주었다. 서천, 익산 등 먼 지역에 사는 구역원들도 있어서, 우리는 주일 예배 후 함께 점심 식사를 하고 바로 구역 모임을 이어갔다.

그날 들었던 목사님의 말씀을 나누며 서로의 삶에 적용하는 시간은 큰 은혜이고 축복이었다. 구역장과 리더는 따로 정해져 있었지만, 나는 신앙의 선배로서 조심스럽게 구역원들을 섬기고 이끌었다. 구역 활동을 하면서 평신도로서 느끼는 애환과, 장로 은퇴 이후 공동체에 온전히 스며들지 못하는 어르신들의 고민도 깊이 공감하게 되었다.

지금 돌아보면 믿음의 선후배와 동역자들은 하나님을 깊이 알아가고 믿음을 성장시키는 데 있어 정말 중요한 역할을 감당해 주었다. 뿐만 아니라 함께 신앙을 나누는 동료들과 소그룹 공동체는 내가 실족하지 않고 세상에 곁눈질하지도 않고 바르게 걸어가게 하는 울타리이자 방파제와 같았다. 하나님은 사람을 통해 일하시는 분임을, 그리고 그 사람들과의 교제 속에서 주님의 사랑과 교훈을 전하게 하시는 분임을 하나하나 배운 것이다.

임인수 장로님의 아내 최화남 권사님이 전하는 감사

박양일 장로님은 누구에게나 기꺼이 동행자가 되어주셨던 분입니다. 제 인생 여정 속에서도 박 장로님과 최 권사님은 늘 곁을 지켜주셨고, 그 따뜻한 마음은 많은 이의 삶에 위로와 힘을 주었습니다. 누구에게나 친구가 되어주셨고, 특히 외롭고 몸이 약한 이들을 잊지 않고 찾아 돌보셨습니다. 젊은이들에게는 인생 고민을 함께 나누는 상담자가 되어주셨고, 맡겨진 교회의 중직을 감당하며 교회 구석구석을 세심하게 섬기셨습니다. 직업이 없는 이들에게는 일자리를 마련해 주며, 삶의 무게를 조금이라도 덜어주기 위해 애쓰셨습니다.

남편 임 장로님이 소천하신 뒤, 저는 종종 교회 지하실 구석에서, 때로는 본당 3층에서 몸부림치며 울곤 했습니다. 앞으로 닥칠 수많은 문제를 어떻게 해결해야 할지 앞이 보이지 않았습니다.

"하나님, 도와주세요."
"이 부채들을 감당할 수 있도록 길을 열어주세요."
"아들과 딸에게 짐이 되지 않게 해주세요."

밤낮없이 기도드리며 울부짖었습니다. 현실은 쉽게 바뀌지 않았지만, 하나님은 그 기도를 듣고 조금씩 응답해 주셨습니다. 그 기도의 응답이 박양일 장로님을 통해 구체적으로 드러난 날이 있었습니다.

아들이 결혼을 앞두고 회사로부터 사택을 제공받았지만, 재정적 여유가 없어 걱정이 이만저만이 아니었습니다. 그날 아침, 묵상 중에 떠오른 말씀은 잠언 17장 17절이었습니다. '친구는 사랑을 위하여 있고, 형제는 위급한 때를 위하여 있느니라'("친구는 사랑이 끊어지지 아니하고 형제는 위급한 때를 위하여 났느니라"). 저는 하나님께 울며 기도했습니다. "주님, 저에게는 도와줄 친척이 없습니다." 바로 그날 최갑실 권사님이 찾아오셨습니다. "형편이 어려우실 텐데, 며느님이 나중에 마음 아파하지 않도록 이걸 쓰세요" 하고 말씀하며 보석 세트를 건네주셨습니다. 순간 룻에게 은혜를 베풀었던 보아스가 떠올랐고, 하나님이 저에게도 '주 안의 친척'을 보내주셨음을 확신할 수 있었습니다.

그 은혜 덕분에 아들의 결혼식을 무사히 치를 수 있었습니다. 혼례를 마친 뒤 남은 돈을 들고 박양일 장로님을 찾아갔습니다. 장로님은 조용히 그 돈을 받으시더니, 다시 제 손에 돌려주며 말씀하셨습니다. "받았으니, 이제 남은 돈은 갚지 않으셔도 됩니다."

그 한마디에 가슴이 먹먹해지고 눈물이 핑 돌았습니다. 말로 다 표현할 수 없는 은혜였습니다.

얼마 후, 왕평 선교사님의 소개로 안성에 있는 중국 신학교의 이요한 원장님으로부터 전화를 받았습니다. 함께 사역을 해보자는 제안이었지만, 저는 솔직히 두려웠습니다. "주님, 저는 자신이 없습니다. 가고 싶지 않아요." 속으로 그렇게 말하며, 그래도 하나님이 재정을 허락해 주신다면 순종하겠노라고 기도드렸습니다. 이 목사님과 처음 만난 자리에서 제 사정을 말씀드리자, 목사님은 조용히 말씀하셨습니다. "제가 매달 10만 원씩 지원하겠습니다." 그 순간 이 모든 여정이 하나님의 계획 속에 있다는 것을 확신하게 되었습니다.

저는 마음속으로 '2년만 봉사하고 돌아오겠습니다'라고 결심했지만, 주님은 제게 다시 말씀하셨습니다. '나는 세례 요한을 몇 개월 쓰기 위해 30년 동안 길렀다. 시간을 제한하지 말고 가거라.' 그 음성 앞에서 저는 더 이상 주저하지 않고 온전히 순종하기로 마음을 정했습니다. 그 사역에는 박양일 장로님과 이현규 장로님도 함께해 주셨습니다. 하나님이 열어주신 중국 신학교 사역은 그 후 25년 동안이나 변함없는 후원을 통해 놀라운 확장과 부흥의 길을 걸을 수 있었습니다.

모든 과정을 돌이켜 볼 때, 박양일 장로님은 제 인생에 하나님이 보내주신 '주 안의 친척'이었습니다. 장로님을 통해 저는 세 가지 분명한 기도 응답을 받았습니다.

첫째, 짐처럼 느껴졌던 빚을 탕감 받은 은혜

둘째, 외롭지 않게 살아갈 수 있도록 사람들을 붙여주신 은혜

셋째, 자녀에게 짐이 되지 않게 하신 은혜

박 장로님과 함께 신앙의 길을 걸을 수 있었던 것은 평생 잊을 수 없는 은혜이자 감사입니다. 하나님은 살아 계십니다. 장로님의 남은 생애가 더욱 빛나기를 진심을 다해 기도드립니다. 사랑하고 존경합니다.

내리막 교회

1990년대는 내 신앙 여정에 있어 특별한 시기였다. 성령의 깊은 임재를 경험하며, 좋은 목회자와 건강한 교회 공동체 안에서 교제하고, 섬김을 통해 믿음이 자라났던 유익한 시간이었기 때문이다. 말씀 안에 머물고, 성도들과 함께 웃고 울며 주님의 몸 된 교회를 세워가는 기쁨을 누릴 수 있었던, 말 그대로 은혜의 계절이었다. 하지만 언제부터인가 교회는 서서히 침체의 길로 접어들기 시작했다. 이전처럼 새신자들이 찾아오지 않았고, 복음을 전하려는 열정도 눈에 띄게 줄어들었다. 성도들은 그 현실 앞에서 안타까움을 나누었지만, 뚜렷한 해법을 찾지 못한 채 시간만 흘러갔다.

송 목사님의 사임과 함께 교회의 분위기는 더 가라앉았고, 한때 활발했던 전도 활동도 자연스럽게 사라지면서 교회 안에는 점점 냉기가 감돌았다. 이후 새롭게 부임한 목사님이 계셨지만 상황은 나아지지 않았다. 결국 교회의 출석 인원은 절반 가까이로 줄었고, 성도들의 안타까움은 커져갔다. 나 역시 마음이 무겁고 속상했다. 그 감정이 때로는 죄송스러울 만큼 커졌고, 어느 순간 나도 모르게 자조 섞인 탄식이 터져 나오기도 했다.

그 무렵 나는 선교부 총무로 7년 동안 교회를 섬기고 있었다. '예수 초청 1만 명 큰 잔치'를 통해 전도의 기쁨과 그 열매에 대한 사후 관리가 얼마나 중요한지를 절감했기에, 새신자 팀을 직접 꾸리고 그들을 돌보는 사역에 최선을 다하고 있었다.

1995년에는 장로 장립의 은혜를 입었다. 참으로 감사한 일이었지만, 동시에 그 직분이 지닌 무게가 얼마나 깊고 엄중한 것인지 깨닫는 데는 그리 오랜 시간이 필요하지 않았다. 섬김의 자리에서 보람을 느끼면서도, 장로라는 직분이 생각보다 훨씬 더 어렵고 복잡하다는 것을 서서히 알게 되었다. 당시 나는 교회에 다시 활기를 불어넣고 싶은 마음이 컸다. 그래서 장로님들과 함께 여러 큰 교회를 방문하기도 했고, 각종 세미나에 참석하며 배움을 이어갔다. 묵상을 나누는 모임도 만들어 보았지만, 아쉽게도 그 시도들은 오래 이어지지 못했다.

그러는 동안 나 자신에게 질문을 던지게 되었다. '성도들이 진정으로 원하는 장로는 어떤 사람일까?' '하나님이 기뻐하시는 장로는 어떤 모습일까?' 내가 바라는 장로의 모습은 분명했다. 성도들과 함께 새벽마다 성전에서 기도하는 장로, 교회에 어려움이 생기거나 누군가 고난을 겪을 때 조용히 나와 무릎 꿇는 장로, 성도들이 신뢰하고 의지할 수 있는 장로. 이런 것들이 진정한 장로의 모습이 아닐까 싶었다.

당시 장로들은 대부분 '허락하다'는 말보다 '승인하다'나 '의결하다' 같은 표현을 선호했다. 그런 모습을 보면서 권위적인 분위기보다는 공감과 섬김이 살아 있는 리더십이 필요하다고 느꼈다. 자신의 의견만을 고집하고 그것이 유일한 진리인 양 주장하는 태도보다는, 먼저 배우려는 자세를 가진 장로가 되고 싶었다. 교회를 섬기는 직분자로서, 가르치려 들기 전에 먼저 귀 기울이고 이해하려는 자세가 중요하다고 생각했다.

성도들이 원하는 장로는 자신을 드러내기보다 필요한 자리에 기꺼이 나서서 섬기고, 말없이 곁에 있어주는 장로일 것이다. 권위라는 이름으로 군림하는 것이 아니라, 진정한 권위는 눈물의 기도와 낮은 섬김에서 나오는 것임을 기억하는 그런 장로 말이다. 장로라면, 은혜 입은 자라면, 예배에 대한 갈망과 감격, 하나님 앞에서의 뜨거운 마음이 있어야 한다. 그것이 일상의 분주함 속에 밀려버리는 일은 없어야 한다. 기도 없는 장로직은 지탱되기 어렵다. 성도들은 자신보다 더 깊은 기도의 사람, 하나님 앞에 더 간절하게 무릎 꿇는 리더를 원한다.

그런데 현실은 어땠을까. 대부분의 장로는 각자 뚜렷한 신앙관을 가지고 있었지만, 때로는 그 틀 안에 갇혀서 다른 사람과의 열린 교제를 어려워하는 경우도 많았다. 겉으로 보기에는 화합하지만, 실제로는 통상적인 업무 외에는 하나 되기가 쉽지 않았다.

이 글을 쓰면서 다시금 스스로에게 묻는다. 나는 과연 성도들이 바라는 장로였는가? 하나님이 기뻐하실 만한 장로였는가? 아직 부족하고 연약하지만 이 질문 앞에 계속 서 있기를, 그리고 남은 사역의 시간 동안 더욱 겸손하게 섬기고 기도하기를 다짐한다.

감사에 관한 제언

22년 동안 장로로 시무하면서 맡았던 여러 직임 가운데, 유독 마음이 무거웠던 자리가 있다면 그것은 바로 '감사'(監査)였다. 감사는 매년 반복되는 일이지만, 뚜렷한 규범이나 명확한 기준 없이 시행되는 경우가 많았기에, 감사를 진행할 때마다 솔직히 민망함을 느낄 수밖에 없었다. 때로는 피감 기관을 설득해야 했고, 사정하며 부탁을 드려야 할 때도 있었다. 늘 간절하게 호소하고 거듭 양해를 구하며 감사를 진행해야 하는 현실은 결코 쉽지 않았다.

어릴 적 내게 아버지는 거의 절대적인 존재였다. 못하는 일이 없고, 언제나 자신감 넘치며 가족을 위해 모든 것을 감당해 내시던 분이었다. 그래서일까, 아버지의 행동이나 결정이 비록 온당치 않아 보여도 나는 늘 아버지를 이해하려 애썼고, 본능적으로 그의 편에 섰다. 그러나 세월이 흐르면서, 아버지에게도 약점이 있다는 것을 점차 깨닫게 되었다. 때로는 부끄럽고, 때로는 외면하고 싶을 만큼 실망스러운 모습들도 있었다.

특히 견디기 어려웠던 것은, 아버지의 여성 편력과 어머니에 대한 인격 모독, 그리고 야만적인 폭력이었다. 그로 인해 내 마음속의 불만은 해마다 쌓여갔고, 결국 결혼을 앞둔 어느 날, 그 감정이 폭발하고 말았다. 나는 아버지께 막말을 퍼부으며 대들었고, 분노에 차 유리창을 맨주먹으로 깨고 집을 뛰쳐나오는 일까지 벌어졌다.

그럼에도 불구하고 아버지와의 따뜻했던 기억 또한 적지 않다. 어린 시절, 아버지는 자식밖에 모르는 분이었고, 자식을 위해서라면 무엇이든 희생하는 사람이었다. 아버지가 소천하셨을 때, 그 추억을 떠올리며 한없이 눈물 흘렸던 기억이 지금도 생생하다. 세상에는 잘난 부모도 있고 모자란 부모도 있다. 훌륭한 부모와 살아온 사람도 있고, 다소 부족한 부모 아래에서 성장한 이들도 있다. 한때 가장의 권위를 누리던 이들이 세월의 흐름 앞에 자식들에게 기대어 살아야 하는 처지가 되어버리기도 한다. 그럼에도 불구하고 대부분의 자녀는 부모를 외면하지 않는다. 도덕과 양심의 끈이 아직은 살아 있기 때문이리라.

서론을 이렇게 길게 쓴 이유는, 바로 감사의 이야기를 하기 위해서다. 요즘 듣기로, 일부 기관 중에는 교회 리더십에 대한 불만이 많아 감사 무용론을 제기하는 목소리도 있다고 한다. 성도로서, 신뢰를 얻지 못한 중직자의 한 사람으로서 송구할 따름이다. 하지만 앞서 말한 것처럼 못난 부모도 부모이듯, 교회 감사 역시 그러한 심정으로 받아야 하지 않을까 생각한다. 불만과 비판은 있을 수 있으나, 감사 자체를 거부하거나 부정하는 태도는 곤란하다. 때로는 감사하는 이가 미숙하여 상처를 줄 수도 있다. 자기 잣대로 모든 것을 평가하고 무례를 범함으로써 감사받는 사람이나 기관이 조롱거리가 되는 안타까운 일도 있다.

그러나 우리 손으로 세운 교회의 중직자들이기에 그 권위를 존중해야 한다. 그렇기 때문에 일꾼을 세울 때에는 더욱 많은 기도와 신중함이 필요하다. 감사를 받는 이들은 순종하는 마음과 준비된 자세로 임하자. 감사가 진행되는 과정에서 감사하는 이의 약점을 발견하면, 이를 위해 기도하는 마음을 가질 수도 있을 것이다. 감사가 미흡하다면, 감사받는 입장에서 오히려 어른스러운 태도로 대응하는 것이 교회를 세우는 길이다.

한편 각 기관에서는 회계 장부뿐만 아니라 회의록과 사업 보고서, 행사 기록 등도 성실히 관리해야 한다. 이러한 기록들은 후임자에게 소중한 이정표가 될 뿐 아니라 사역의 일관성과 발전을 이루는 기반이 될 것이다. 교회가 각 기관의 세부 상황을 일일이 지도하거나 간섭하기는 어렵다. 그러므로 스스로를 돌아보고, 앞서 언급한 것들을 실천하라고 당부하고 싶다.

감사와 관련된 민망한 경험을 반복하면서, 중직자로서 감당해야 할 무게와 고뇌가 깊어졌다. 장로라는 직임을 피할 수 있다면 피하는 것이 신앙인으로서 은혜 안에 살아가는 데 오히려 유익할 것이라는 선배 장로님의 탄식이 늘 마음속을 맴돈다.

급격하게 쇠락의 길을 걷고 있는 교회에
중직으로 있다는 것이
하나님 앞에도 사람 앞에도
얼마나 부끄러운 일인지 모른다

모든 짐 내려놓고 떠날까
수백 번도 더 생각하지만
현실 도피라는 비난 외에 더 들을 말이 없을 터

그래도 자리를 지켜야 한다는
지인들의 조언을 귀담아 듣기엔
낯짝이 두텁다고
방망이질하는 양심의 소리가 괴롭다

파도 따라 떠밀려 오고가는 너
오호라 촉망받던 내 신세가
어쩌다 이리 되었는고

삶이 열매를 만들지 못하고
지혜 또한 하나님의 영역에 속한 것을
엎드려 기도라도 열심히 했으면 좋으련만
사탄이 밀 까부르듯 나를 가지고 노는구나

 예수 그리스도는 교회의 머리다. 교회는 그리스도의 몸이며, 머리 되신 주님의 뜻과 명령에 따라 움직여야 한다. 따라서 교회의 모든 성도는 그리스도의 말씀에 온전히 순종하여 하나가 되어야 한다. 교회 내의 각 부서 역시 연합하여 서로를 세우는 사명을 다할 때, 하나님의 교회는 더욱 든든히 세워지고 완성될 것이다.

 몸에 다양한 지체가 존재하듯, 교회 안에서도 각 성도는 서로 다른 기능과 역할을 맡고 있다. 그 모든 지체는 분리될 수 없는 긴밀한 관계 안에 있으며, 서로 협력할 때 비로소 온몸이 건강하게 자랄 수 있다. 마찬가지로 우리 또한 서로를 귀하게 여기며, 자신보다 남을 낫게 여기는 겸손한 마음으로 대할 때, 교회 공동체는 더욱 강건해질 것이다.

특별히 성도 개개인이 자신의 유익보다 공동체의 유익을 앞세우고, 자신의 역할에 충실할 뿐만 아니라 다른 이들을 세우는 데 헌신할 때, 교회는 그리스도의 장성한 분량에까지 자라게 된다. 이는 마치 몸의 모든 기관이 제 역할을 다할 때 생명이 풍성해지고 건강이 유지되는 것과 같다.

그리스도 안에서 한몸을 이룬 우리는 결코 독립적으로 존재할 수 없다. 우리는 서로 연결되어 있으며, 그리스도의 사랑으로 서로를 격려하고 인내하며 함께 성장해야 한다. 이와 같은 연합과 겸손의 태도는 단순한 이상이 아니라 주께서 친히 명하신 교회의 본질이며, 하나님의 뜻을 이루는 길이다.

그러므로 우리는 날마다 하나님의 말씀을 깊이 묵상하고, 그리스도의 마음을 본받아 겸손과 사랑으로 서로를 섬겨야 한다. 그리고 모든 사역과 활동 속에서 오직 주님의 영광만을 구하며, 한몸 된 공동체를 세우는 일에 전심을 다해야 한다. 그렇게 할 때 하나님이 우리 가운데 충만히 역사하시고, 교회를 그분의 뜻 안에서 더욱 강건하게 세워가실 것이다.

이 모든 섬김의 시간들은

내가 무엇을 전하고 나누었는지를 넘어,

하나님이 얼마나 풍성하게 채워주셨는지를

깨닫게 한 은혜의 시간이었다.

3부
신앙 공동체

예수전도단

예수제자훈련학교

내 신앙의 여정은 단지 교회 안에 머무르지 않았다. 하나님은 어느 시점에 새로운 길목에서 나를 부르셨고, 나는 다시 한번 그 부르심에 순종했다. 2000년, 새 천년을 맞이하는 특별한 시기였다. 나는 하나님의 인도로 '예수전도단'이라는 선교 공동체를 처음 접하게 되었다.

2000년 2월 늦은 밤이었다. 남대전교회에서 목회하시던 송대웅 목사님이 갑자기 찾아오셨다. 늦은 시간에 군산까지 먼 길을 달려오신 것을 보며 나는 직감적으로 알 수 있었다. 이 만남은 단순한 방문이 아닌 하나님이 주신 특별한 기회라는 것을. 목사님은 짧지만 강한 어조로 말씀하셨다. "장로님, 꼭 가보셔야 할 곳이 있어 이렇게 왔습니다." 목사님의 제안은 내 마음 깊숙이 울려 퍼졌고, 곧바로 하나님 앞에 마음을 여는 계기가 되었다.

그날 밤 나는 예수전도단의 제자훈련 프로그램인 예수제자훈련학교(Discipleship Training School, 이하 DTS)에 대해 처음 들었다. 그리고 다음 날 지체 없이 훈련 장소를 알아보았다. 가장 가까운 곳이 전남 광주라는 사실을 확인하고, 아내와 함께 두 시간 가량 길을 달려 광주 지부를 방문했다. 마침 독수리예수제자훈련학교(Eagle Discipleship Training School for Businessmen, 이하 BEDTS) 학생을 모집하고 있다는 반가운 소식을 들었고, 우리 부부는 담임목사님의 추천을 받아 함께 훈련에 참여하기로 결정했다.

거주지가 군산인 우리는 6개월 동안 매주 광주를 오가야 했다. 매주 이틀간 훈련에 참여하고 돌아오면 자정이 넘기 일쑤였다. 몸은 피곤했지만 훈련을 향한 마음은 설렘으로 가득했다. 말씀과 기도 가운데 부어지는 하나님의 은혜는 우리의 삶을 조금씩 변화시켰고, 믿음은 점점 더 깊은 뿌리를 내리기 시작했다.

몇 해 전부터 우리 교회의 청년들이 신실하게 성장하는 모습을 볼 때마다 나는 큰 감동과 감사의 마음을 갖고 있었다. 유심히 살펴본 결과, 그들에게 있는 건강한 신앙의 기초가 바로 DTS 훈련을 통한 것임을 알게 되었다. 청년들의 성장을 눈으로 확인한 나는, 이 훈련이 결코 단순한 프로그램이 아님을 확신했다. 나 역시 하나님의 사람으로 빚어지기를 간절히 소망하며 DTS 여정을 진지하게 시작했다.

처음에는 자발적 선택이라 생각했지만 시간이 흐를수록 그 길이 철저히 하나님의 인도 가운데 있었음을 깨달았다. 하나님은 이미 오래전부터 내 마음을 준비시키셨고, 마침내 나를 그분의 훈련과 부르심 가운데 세우신 것이다.

나는 나름대로 교회 안에서 충성스럽게 섬기고 있다고 생각했다. 믿음도 확신도 있었지만, DTS 훈련을 통해 내 삶의 또 다른 깊은 자리를 발견하게 되었다. 하나님은 겉으로 드러나는 열심이나 봉사보다 나의 내면을 원하셨고, 깊은 교제와 순종을 통해 그분의 성품으로 나를 다듬고자 하셨다. 훈련은 나를 흔들어 깨우는 시간이었다. 말씀을 묵상하고, 하나님의 시선으로 나 자신을 바라보며, 숨어 있는 자아의 껍질이 하나씩 벗겨지는 깊진 내면의 여정이 이어졌다.

광주로 향하는 길은 결코 짧지 않았지만, 매주 그 길을 달릴 때마다 내 마음은 하나님을 향한 갈망으로 뜨거워졌다. 강의실에서 흘러나오는 말씀은 영혼을 살찌우는 생명의 양식이 되었고, 기도 시간마다 부어주시는 성령의 감동은 나의 생각과 삶을 조금씩 바꾸어 놓았다. 나는 그 시간을 통해 하나님이 영혼을 어떻게 사랑하시는지 배웠고, 그 사랑을 가슴에 품은 제자의 길을 걷기로 결단했다.

물론 훈련 과정은 평탄하지 않았다. 내가 운영하던 회사는 여러 차례 위기를 맞았고, 예기치 못한 사건들이 잇달아 터졌다. 믿고 따르던 바이어가 도산하고, 아프리카 내전으로 인해 수출된 제품이 항구에 묶여버리는 일도 있었다. 공장의 가동이 멈출 위기에 놓이기도 했지만, 그럴수록 나는 이 훈련 여정이 단순한 '공부'가 아닌 하나님의 손길 아래서 이루어지는 '삶의 훈련'임을 더욱 실감할 수 있었다.

많은 어려움에도 나는 포기하지 않았다. 이미 돌아가고 싶지 않은 자리까지 와 있었고, 믿음의 걸음을 멈출 수 없었다. 모든 상황 속에서 나는 하나님의 신실하심을 신뢰했고, 그 신뢰는 점점 더 깊은 확신으로 이어졌다. 그렇게 이어진 매일의 삶 속에서 나는 하나님의 손길을 더욱 선명하게 경험할 수 있었다.

DTS 훈련은 몇 달 동안 진행되고 끝나는 프로그램이 아니었다. 그것은 내 인생 전체를 새롭게 다듬고, 하나님의 부르심 앞에 온전히 서도록 이끄는 깊고 넓은 영적 여정이었다. 지금도 그 시간은 내 안에서 살아 움직이고 있다. 훈련을 통해 배우고 경험한 진리들은 이후에도 삶의 결정을 이끄는 지침이 되었고, 하나님과의 관계를 더욱 친밀하고 분명하게 만들어 주었다. 그 훈련을 통해 나는 다시 한번 하나님 앞에 선 '자녀'로서의 정체성을 되찾았고,

인생이라는 여정을 '제자'로서 걸어갈 수 있는 담대한 용기를 얻었다.

DTS 훈련을 받는 동안 내 마음에 새겨진 두 가지 주제가 있다. 그 깨달음은 단순히 지식으로 머무는 것이 아니라 이후의 삶을 통째로 바꾸는 전환점이 되었다.

첫 번째는, 바로 하나님의 음성을 듣는 삶에 대한 깨달음이다. 처음에는 하나님의 음성을 듣는다는 것이 뭔가 특별하고 신비한 경험처럼 느껴졌다. 마치 선택된 어떤 사람들에게만 주어지는 예외적인 현상처럼 생각했던 것이다. 그러나 훈련 중에 말씀을 묵상하고 기도 가운데 하나님의 마음을 붙잡기 시작하면서, 나는 점차 그 생각이 틀렸다는 것을 알게 되었다. 하나님은 우리를 그분의 형상을 닮은 그분의 자녀로 창조하셨다. 부모가 자녀에게 말을 건네는 것이 자연스러운 것처럼, 하나님도 언제나 우리에게 말씀하고 계신다. 문제는 내가 듣지 못하고 있었을 뿐이다.

나는 그동안 하나님과의 관계를 생각할 때 예배하는 자세에만 초점을 두었다. 하나님을 높이고 찬양하는 일이 중심에 있었지만, 그 안에 '하나님과의 친밀한 교제'는 부족했던 것이다. DTS를 통해 나는 하나님과 함께 걷는 삶, 그분의 마음을 매 순간 듣고 응답하는 삶이야말로 자녀로서의 본질이라는 것을 배웠다. 음성을 듣는다는 것은 곧 하나님의 마음을 느끼고, 그 뜻에 순종하며 살아가는 것을 의미했다. 그 깨달음은 나를 예배의 자리에서도, 일상의 삶 속에서도 훨씬 더 자유롭고 깊은 곳으로 이끌었다.

예전에는 형식이나 의무처럼 드렸던 예배가 이제는 하나님과 나누는 살아 있는 대화로 바뀌었고, 하나님이 나에게 속삭이시는 말씀 한마디 한마디가 곧 나를 향한 사랑임을 믿고 따르게 되었다. 그 인격적인 교감 속에서 하나님은 나의 아버지로, 나는 그분의 아들로 살아가는 기쁨을 누릴 수 있었다.

두 번째는, 전문인 선교에 대한 이해였다. DTS 이전까지 내가 생각했던 선교란, 전임 사역자가 복음을 들고 타국에 나가는 것이었다. 헌신된 선교사들이 훈련받고, 가족과 삶의 터전을 떠나 전적으로 하나님만을 의지해 선교지로 파송되는 일, 그것이 '선교'라는 개념의 전부였다. 하지만 훈련을 통해 나는 또 다른 가능성을 보게 되었다. 비즈니스와 전문직에 종사하는 평신도들이 자신의 삶과 일을 그대로 들고 선교지에 들어가는 새로운 방식은 선교에 대한 나의 개념을 확장시켜 주었다. 마치 바울이 장막을 만들면서 복음을 전했던 것처럼, 전문성을 갖춘 이들이 일터 속에서 복음을 전하며 선교사의 사역을 실제적으로 도울 수 있다는 사실을 깨닫게 된 것이다.

처음에는 그저 '이런 선교도 가능하겠구나' 정도의 생각이었다.

하지만 DTS에서 만난 간증자들과 실제 비즈니스 미션 현장의 사례들을 들으며, 나는 마음 깊은 곳에서 하나님의 부르심을 느꼈다. '내가 살아온 삶의 여정, 경험 그리고 일터에서 배운 지혜를 하나님 나라의 도구로 사용할 수는 없을까?'라는 질문이 생겼고, 그 질문은 곧 비전이 되었다. 특히 전임 선교사들만 감당하기에는 다소 벅찬 선교 현장의 현실을 생각할 때, '평신도 선교사들이 먼저 일터를 열고 기반을 다져놓는다면, 전임 사역자들이 훨씬 안정된 환경에서 사역할 수 있지 않을까?' 하는 생각에 가슴이 뛰었다.

실제로 현지에 있는 사역자들 대부분이 경제적 문제와 체류 문제, 언어와 문화의 장벽으로 인해 고통 받고 있었기 때문이다. 그 때부터 전문인 선교는 멀고 막연한 개념이 아닌, 하나님이 내게 주시는 실천 가능한 부르심으로 다가왔다. 그리고 이 마음은 후일 내가 중국 선교사님을 도와 한국에서 중국으로 사업을 확장한 출발점이 되었다. 처음에는 나 자신도 모르는 방향이었지만, 하나님은 이미 DTS 가운데 그 가능성과 비전을 심어주고 계셨던 것이다.

'하나님의 음성을 듣는 삶'과 '전문인 선교의 비전'에 대한 깨달음은 지금도 내 삶의 가장 깊은 자리에 있다. 하나님의 음성을 따르며 살아가는 삶은, 그 무엇보다 자유롭고 풍성한 삶이다. 그리고 그 길 위에서 하나님 나라를 위해 나의 직업과 경험으로 헌신할 수 있다는 사실은 한 사람의 신앙인으로서, 또 평신도 사역자로서 더없이 큰 영광이다.

전도여행을 준비하며: 미리 경험한 은혜

어느덧 훈련 과정의 마무리 시점이 가까워지면서, 마지막 실습 일정인 전도여행을 준비할 때가 되었다. 나는 인도네시아 팀으로 배정받았고, 팀원들과 함께 본격적인 준비에 들어갔다. 함께 시간을 보내고 기도하면서 이야기를 나누는 가운데 자연스럽게 알게 된 사실이 있었다. 생각보다 많은 팀원이 재정과 일정, 가정과 직장 등 다양한 현실의 벽 앞에서 어려움을 겪고 있었던 것이다.

예수전도단 DTS 전도여행의 방침은 매우 엄격했다. 단 한푼이라도 빚을 지거나 카드 할인을 이용해 비용을 충당하는 것은 절대 허용되지 않았다. 학교 측에서 이 같은 방침을 밝히자 전도여행을 간절히 원하면서도 현실적 제약에 부딪힌 지체들은 깊은 갈등에 빠졌다. 전도여행을 포기해야 하나 고민하면서 눈물 흘려 기도하는 이들도 있었다. 특히 직장 문제는 더욱 어려웠다. 하루 이틀의 휴가도 쉽지 않은 상황에서, 두 주간의 여행은 현실적으로 큰 부담이었다.

매 모임마다 우리는 서로의 사정을 놓고 기도했다. 재정 문제, 직장 문제, 가정 문제를 두 손 모아 하나님께 올려드렸다. 사실 나는 그 기도의 자리에 있으면서 마음 한구석이 불편했다. 자영업자인 터라 경비 부담도 크지 않았고 시간적인 제약도 없었던 것이다. 남들은 간절히 기도하고 있는데, 나는 딱히 기도제목이 떠오르지 않았다. 굳이 기도한다면 "하나님, 저는 예전에 인도네시아에 가본 적이 있는데, 이번에는 다른 곳으로 보내주시면 안 될까요?" 정도였고, 아내는 "하나님, 더운 나라는 싫어요. 기미 생길까 봐 걱정되잖아요." 같은 소박한 바람을 드리는 정도였다.

나름대로 평안하게 전도여행을 준비하고 있다고 생각했다. 그런데 하나님은 그런 나를 그냥 두지 않으셨다. 예상치 못한 일이 일어났다. 내가 세상에서 가장 사랑하고 소중히 여기는 사람에게 문제가 생긴 것이다. 아내가 갑작스럽게 하혈을 하기 시작했다. 민망한 이야기지만, 아내는 이미 수술을 받은 상태였기에 하혈을 할 이유가 전혀 없었다.

갑작스런 상황에 당황한 나는 하나님께 매달릴 수밖에 없었다. 절박하게 마음을 토해내자 하나님이 조용히 내 마음에 말씀하셨다. "네가 가장 사랑하는 사람에게 일이 생기니 그렇게 아파하는구나. 그렇다면 네 주위를 한번 돌아보아라. 함께 훈련받은 지체들 중에 재정 때문에, 직장 때문에, 가정의 문제 때문에 아파하는 사람이 이미 많지 않느냐. 그런데 너는 왜 그들의 아픔에 진심으로 공감하지 못했느냐."

하나님은 내 무딘 마음을 단호하게 깨우셨다. 그리고 물으셨다. "네가 인도네시아에 간다고 했지? 무엇 때문에 가려고 하느냐? 그 땅의 영혼들, 그들의 고통과 상처를 위해 가야 한다. 나는 그 영혼들을, 네가 아내를 사랑하는 만큼 아니 그 이상으로 사랑하고 있다. 나는 그들을 위해 피 흘렸고, 내 아들까지 내어주었다."

말씀 앞에서 나는 무너졌다. 하나님의 마음이 내 안에 스며들었고, 그 사랑 앞에 감히 고개를 들 수 없었다. 눈물이 멈추지 않았다. "하나님, 제 어리석음과 무지를 용서해 주세요." 진심으로 회개하며 울었다. 그 순간 마음속에 평안이 찾아왔고, 하나님이 내 안에 새로운 마음을 부어주셨다.

그리고 놀라운 일이 일어났다. 아내의 하혈이 멈춘 것이다. 병원에 다시 찾아가 검사를 받은 결과, 의사는 아무 문제가 없다고 말했다. 말 그대로 깨끗하다는 진단을 받았다.

이 일을 통해 나는 하나님의 깊은 사랑을 배웠다. 단순히 전도 여행을 떠나는 것이 목적이 아니었다. 하나님의 마음을 품고, 그분이 사랑하시는 사람들을 그분처럼 사랑하는 것이 진정한 준비라는 것을 하나님이 친히 가르쳐 주신 것이다.

이 과정을 지나면서, 나는 팀 안의 지체들을 더욱 깊이 이해하고 사랑하게 되었다. 팀원의 어려움과 고통을 함께 품고, 서로를 위해 기도하며 하나로 묶여가는 은혜를 경험했다. 전도여행을 준비하는 시간은 단지 일정을 맞추고 경비를 준비하는 행정적 과정이 아니었다. 그것은 하나님이 원하시는 마음을 배우고, 누군가의 눈물을 함께 흘릴 수 있는 진짜 훈련의 시간이었다.

그렇게 하나님은 전도여행 전부터 나를 새롭게 훈련시키셨고, 그 사랑의 마음으로 인도네시아를 향해 나아갈 수 있도록 이끌어 주셨다. 믿음의 여정이란 결국 하나님의 마음을 닮아가는 과정이었다.

전도여행: 소망의 땅 인도네시아

첫 번째 이야기 - 인도네시아로 떠나며

인도네시아로 떠나기 전, 우리는 마음속 깊이 다짐했다. 그 땅 가운데 하나님의 주권을 선포하고, 수세기 동안 얽혀 있던 어둠의 권세를 예수 그리스도의 이름으로 대적하며, 무엇보다 그 땅을 향해 애타게 울고 계시는 하나님의 마음을 품기로 했다. 단순히 사역 일정을 소화하는 것이 아니라, 그 땅을 축복하고 하나님의 뜻이 임하기를 소망하며 믿음과 순종으로 발걸음을 내디뎠다. 그러나 전도여행은 생각만큼 쉽지 않았다. 당시 인도네시아는 종교적 갈등으로 사회 전체가 크게 흔들리고 있었다. 원래 계획했던 자카르타 사역은 보안상의 문제로 부득이하게 취소되었고, 우리는 밤늦도록 이동한 끝에 자바섬 내륙의 도시 반둥에 도착했다.

반둥에 처음 발을 디딘 순간, 나는 예상치 못한 놀라움에 휩싸였다. 그곳은 해발 1천3백 미터의 고지대에 위치한 도시로, 낮에는 다소 덥지만 아침과 저녁에는 긴팔 옷이 필요할 정도로 서늘한 공기가 감돌았다. 인도네시아 한복판, 그것도 적도 인근에서 이런 기후를 만난 것이 신선하게 다가왔다. 그러나 얼마 지나지 않아 이 모든 환경이 하나님의 세심한 응답이라는 사실을 깨달았다.

사실 출발하기 전, 아내는 조심스럽고도 간절하게 하나님께 기도했다. "하나님, 저는 더운 나라가 너무 힘들어요. 햇볕에 기미가 올라오는 게 늘 신경 쓰여요. 하나님은 제 마음을 아시지요?" 단순하지만 솔직한 기도였다. 그런데 하나님은 그 기도까지도 잊지 않고 기억하셨던 것이다. 반둥의 시원한 공기 속에서 나는 다시 한번 하나님의 따뜻함을 느꼈다. 하나님이 내 기도도 들으시지만, 아내의 기도는 더욱 특별하게 챙겨주시는 듯한 감동이었다. 우리의 여정을 세밀히 인도하시는 하나님의 사랑과 배려는 그렇게 예상치 못한 방식으로 펼쳐졌다.

전도여행은 하나님의 뜻을 따라 순종하며 나아가는 여정이었지만, 그 안에서 우리가 먼저 경험한 것은 하나님의 마음과 손길이었다. 그분의 인도는 때로는 아주 소소한 기도 하나에도 응답하시는 세밀한 자비에서부터 시작되었다. 반등의 첫날 밤, 우리는 이 여정이 단순한 훈련이 아닌 하나님의 마음을 더 깊이 알아가는 축복의 길임을 믿음으로 고백할 수 있었다.

두 번째 이야기- 치열한 영적 전쟁

전도여행 둘째 날, 우리는 현지에서 가장 큰 모슬렘 사원을 중심으로 영적 중보 사역을 시작했다. 둘씩 짝을 지어 사원 앞 광장을 천천히 걸으면서, 조용히 그러나 단호하게 기도하며 나아갔다. 그곳은 단순히 종교의 공간이 아니라 어둠의 기운이 짙게 드리운 영역처럼 느껴졌다.

기도 중에 마주하게 된 풍경은 말로 표현하기 어려울 만큼 참혹하고 무거웠다. 마약에 취해 축 늘어진 사람들, 몸 전체가 문신으로 뒤덮인 이들, 허공을 응시하는 초점 잃은 눈동자들, 거리마다 흘러나오는 음산한 음악과 음란한 기운, 그리고 여기저기 흩어져 있는 걸인들까지. 그것은 단순한 빈곤이나 혼란의 풍경이 아니라 영혼이 짓밟힌 현장이었다. 이 모습을 목격한 한 대원은 끝내 구역질을 참지 못했고, 또 다른 대원은 정신을 잃고 주저앉아 버렸다. 우리의 마음과 몸, 영혼 모두가 한순간에 무너져 내리는 것만 같았다.

그날 이후 우리 팀은 번갈아 가며 한 사람씩 앓기 시작했다. 나를 시작으로 설사와 구토, 고열과 탈수 증상으로 쓰러지는 대원이 끊이지 않았다. 육체적인 고통은 물론 팀 안에서 갈등과 오해가 번지며 분위기마저 어두워졌다. 그때 우리는 문득 깨달았다. 이것이야말로 하나님이 우리에게 미리 말씀하셨던 진짜 영적 전쟁이라는 사실을. 그 긴장을 느낀 우리는 이제 더 이상 얕은 기도로는 견딜 수 없다는 절박함 속에서, 마음을 다해 하나님 앞에 무릎 꿇기 시작했다.

그러던 중 자바 지역의 순다족 왕가가 머물고 있는 치르본이라는 도시로 이동하게 되었다. 감사하게도 왕가 안에 예수님을 믿는 공주가 있어서 그분의 도움으로 비교적 쉽게 왕실을 방문할 수 있었다. 우리의 사명은 그곳을 지배하고 있는 영적 세력에 맞서 기도하며, 예수 그리스도의 보혈이 이 땅 위에 흘러 하나님 나라로 회복되기를 중보하는 것이었다.

그러나 치르본으로 떠나는 날 아침, 우리 팀원 중 세 명이 갑작스럽게 심한 설사와 구토, 탈수 증세로 쓰러지고 말았다. 이동이 불가능할 정도로 몸 상태가 심각했고, 우리는 출발을 포기해야 할 상황에 놓이게 되었다. 그때 아내가 조심스럽게 내 손에 메모한 장을 건넸다. 군산을 떠나기 전, 교회의 중보 기도팀 권사님이 매일 한 장씩 펼쳐보라며 정성껏 준비해 주신 쪽지였다. 그 메모 안에는 역대하 20장 15, 17절 말씀이 적혀 있었다.

"… 여호와께서 이같이 너희에게 말씀하시기를
너희는 이 큰 무리로 말미암아 두려워하거나 놀라지 말라
이 전쟁은 너희에게 속한 것이 아니요 하나님께 속한 것이니라

이 전쟁에는 너희가 싸울 것이 없나니 대열을 이루고 서서
너희와 함께 한 여호와가 구원하는 것을 보라
… 여호와가 너희와 함께 하시라 하셨느니라 하매"

말씀을 읽는 순간, 낙심했던 마음에 다시금 믿음의 불이 붙기 시작했다. 우리는 주님이 이미 이 전쟁을 치르고 계시다는 확신 속에서 다시 일어섰다. 아픈 대원들도 한마음으로 출발하겠다고 결단했고, 함께 찬양과 기도로 마음을 모으고 5시간에 걸쳐 치르본으로 향했다.

여정 내내 우리는 찬양했다. 병약하고 지쳐 보였던 모습은 찬양이 이어질수록 점차 밝아졌고, 치르본에 가까워질수록 설명할 수 없는 평안과 담대함이 우리를 감쌌다. 그리고 믿을 수 없는 일이 벌어졌다. 아침까지 심하게 앓던 대원들이 언제 그랬냐는 듯 모두 말끔히 회복된 것이다. 기적 같은 일이었다. 우리는 그저 주님의 말씀을 붙들고 찬양하며 나아갔을 뿐인데, 하나님은 그 모든 상황을 친히 이끌고 회복시키셨다.

그날 우리는 확실히 깨달았다. 이 사역의 주체는 우리 자신이 아니라는 것. 하나님은 우리의 무력함을 철저히 인정하게 하셨고, 결국 "이 전쟁은 너희에게 속한 것이 아니요 하나님께 속한 것"임을 마음 깊이 새기게 하셨다. 우리가 해야 할 일은 오직 "대열을 이루고 서서" 하나님이 행하시는 구원의 역사를 지켜보는 일이었다.

그날 이후 우리는 더욱 겸손해졌고, 하나님의 전능한 손길과 사랑 앞에 순종하는 자로 설 수 있었다. 영적 전쟁의 현장은 두려움의 자리가 아니라 하나님의 살아 계심을 목격하는 복된 자리였다.

세 번째 이야기 – 영혼을 향한 하나님의 놀라운 역사

전도여행 여정 가운데, 하나님은 종종 예상치 못한 방식으로 그분의 사랑을 나타내 보이셨다. 우리가 사역을 위해 이동할 때마다 함께했던 현지 차량 기사님 역시 그런 은혜의 통로 중 하나였다.

그는 전통적인 모슬렘 신자였고, 우리와의 소통도 쉽지 않았다. 언어가 통하지 않았기 때문이다. 그럼에도 불구하고 매일 함께하는 여정 속에서 무언가 마음을 움직이는 은혜가 있었는지, 어느 날 예수님을 믿겠다고 스스로 고백했다. 그 고백은 통역을 맡은 선교사님의 도움 아래 구체적인 복음 제시로 이어졌고, 우리는 기쁨 가득한 결신의 순간을 함께 지켜볼 수 있었다. 그것은 언어의 장벽을 초월해 다가오는, 성령의 강력한 임재이자 감동의 장면이었다.

또 하나의 감동적인 일은 빈민가 사역 중에 일어났다. 우리는 그날을 위해 정성껏 주먹밥을 준비해 들고 갔다. 땀 흘리며 골목을 누비던 중, 팀원 중 한 자매가 유난히 따뜻하고 부드러운 눈빛으로 어느 여인에게 다가갔다. 자매는 따뜻한 미소와 포근한 목소리로 말을 건넸고, 잠시 후 그 여인은 눈물을 흘리며 예수님을 영접하고 싶다고 말했다. 복음은 그렇게 한 사람의 품에서 또 한 사람의 가슴으로 옮겨갔다. 선교사님이 이어서 복음을 전하셨는데, 그 장면은 우리 모두의 가슴에 깊은 울림으로 남았다. 선교사님은 이 경험을 통해 큰 감동을 받으셨고, 결국 그 빈민촌을 자신의 장기적인 사역지로 삼겠다고 결단하셨다. 하나님이 얼마나 치밀하게 한 영혼, 한 장소를 기억하고 계시는지를 보는 순간이었다.

주일에는 지역 교회에서 예배를 드리며 찬양과 간증으로 섬길 기회가 주어졌다. 그런데 놀라운 일이 하나 더 일어났다. 이전까지는 외국 선교사나 단기 팀에게 다소 폐쇄적이었던 현지 교회 목사님이, 우리 팀의 겸손한 태도와 진심 어린 섬김에 마음을 여신 것이다. 그날 저녁 예배에 다시 우리 팀을 초청하셨고, 심지어 선교센터 건립을 돕고 싶다는 말씀까지 전해주셨다. 그분은 교회의 헌금을 우리 팀에게 전달하며, 지역을 위한 사역에 사용해 달라고 요청하셨다. 교회에 헌금을 드리는 일은 익숙했지만, 교회로부터 헌금을 받는 경험은 그때가 처음이었다. 우리는 그 마음에 담긴 하나님 사랑의 깊이를 새롭게 느꼈다.

더 큰 감동은 그 교회 목사님의 아들 부부가 DTS 훈련을 받겠다는 결심을 밝힌 일이었다. 하나님의 손길이 얼마나 깊고 멀리까지 닿는지를 보여주는 장면이었다. 우리는 곳곳에 숨겨 있던 소망의 씨앗들이 조금씩 싹트고 열매 맺는 모습을 바라보며, 이 모든 일이 오직 주님의 은혜라는 사실을 다시금 고백하게 되었다.

우리가 방문한 반둥 지역 렘방에서 만난 현지 청년들의 모습 역시 감동적이었다. 이미 현지 DTS 훈련을 받은 그들은, 우리보다 더 뜨겁고 순수한 열정을 품고 하나님을 예배하고 있었다. 그들의 눈빛에는 세상의 어떤 열심과도 비교할 수 없는, 하나님과의 친밀함에서 오는 맑은 확신이 담겨 있었다.

현지 DTS를 통해 이미 여섯 기수나 졸업했고, 그 가운데 47명의 간사들이 훈련을 마치고 보르네오(칼리만탄)와 수마트라 북부에

각각 새로운 선교 베이스를 개척하고 있다는 소식은 우리에게 큰 감동을 주었다. 그 이야기를 들으며 우리는 확신할 수 있었다. 하나님은 지금도 인도네시아를 사랑하시며, 여전히 축복의 땅으로 일으키고 계신다는 사실을 말이다.

물론, 전도여행은 육체적으로 결코 쉽지 않은 여정이었다. 하지만 매일의 사역과 만남을 통해 하나님을 더 깊이 알아가는 기쁨이 있었다. DTS 훈련의 연장선상에서 이 전도여행은 내게 선교에 대한 열정을 새롭게 불어넣어 주었고, 동시에 하나님의 성품을 따라 내 삶이 더욱 다듬어져야 한다는 거룩한 부담감을 안겨주었다. 하나님은 그곳에서도 여전히 일하고 계셨다. 그리고 우리는 그 현장에서, 작은 도구로라도 쓰임 받을 수 있다는 사실에 깊은 감사와 감격을 누릴 수 있었다.

네 번째 이야기- 진정한 권리 포기의 훈련

전도여행 중 우리가 방문했던 지역 가운데 특히 깊은 울림을 남긴 곳이 있다. 바로 변띠모 선교사님과 강미리암 사모님이 사역하시는 현장이었다. 겉으로는 평범한 사역자들처럼 보였지만, 그 속에는 오랜 시간 다져진 믿음과 묵묵한 순종의 삶이 녹아 있었다. 선교 훈련을 통해 선교에 대해 많은 것을 배우고 왔다고 생각했지만, 이 부부의 삶을 직접 마주한 순간 하나님은 우리 부부에게 깊고도 강한 메시지를 주셨다. 그것은 단지 '이해'의 차원을 넘어 '삶으로 살아내는 권리 포기와 내려놓음'이라는 진짜 훈련이었다.

우리 부부에게는 네 명의 자녀가 있다. 그중 첫째 딸 수현이는 유난히 사랑스럽고 귀한 존재였다. 공부도 잘 하고 성품도 밝고 반듯한 딸이었기에, 우리는 딸이 평소 원하던 이화여자대학교 기독교학과에 진학하길 간절히 기도했다. 무려 3년 넘게 이 한 가지 기도제목을 품고 하나님 앞에 눈물로 나아갔다. 그러나 수능 결과는 기대와 달랐다. 점수가 턱없이 부족했고 현실은 냉정했다. 결국 우리는 이화여대 진학을 포기하고, 서울신학대학교 기독교교육학과로 입학하는 길을 택했다.

나중에 알게 된 사실이지만, 그해 이화여대 기독교학과는 딱 한 명이 미달이었다. 그 이야기를 들었을 때의 허탈함은 이루 말로 표현할 수 없다. '혹시 우리가 믿음 없이 흔들려서 마지막까지 하나님을 신뢰하지 못했던 것은 아닐까' 하는 자책이 우리 부부의 마음을 무겁게 했다. 박이완 목사님도 우리의 믿음 없음을 지적하셨고, 우리는 그것마저 겸허히 받아들일 수밖에 없었다.

수현이는 대학 시절 내내 그늘 아래에 있는 듯했다. 공부는 성실하게 했지만, 아쉬움과 상실감이 떠나지 않는 듯 보였다. 보다 못한 우리는 위로 겸 미국 단기 연수를 권했다. 그런데 놀랍게도 수현이가 미국에 있는 동안 이화여대에서 편입생을 모집한다는 공고가 났다. 마치 하나님이 우리 가정에 또 한 번의 기회를 주시는 듯했다. 우리는 곧바로 서류를 준비했고, 수현이는 준비할 시간도 없이 귀국과 동시에 시험장에 들어가야 했다. 시험을 앞두고 불만을 털어놓는 수현이에게, 우리는 그저 믿음으로 너를 붙들고 있다고 말해주었다.

하나님의 손길은 생각보다 세밀했다. 돌아오는 비행기 안에서 읽은 책 한 권이 면접 질문에 답하는 데 결정적인 도움이 되었고, 수현이는 단 한 명을 선발하는 전형에 당당히 합격했다. 그렇게 큰딸 수현이는 이화여대에 입학해 기독교상담을 전공했고, 대학원 과정까지 무사히 마치며 우수한 성적으로 졸업할 수 있었다. 주님은 우리의 부족한 믿음조차 너그럽게 감싸주시며, 마침내 아름다운 열매를 맺게 하셨다.

하지만 더 큰 도전은 그 이후에 찾아왔다. 어느 날 수현이가 남자친구를 집에 데려왔다. 서울신학대학교에 재학 중인 학생이었다. 순간 머릿속이 멍해졌다. 딸이 목회자의 사모가 될지도 모른다는 것은 큰 충격이었다. 우리는 이미 목회자의 길이 얼마나 외롭고 험난한지 알고 있었기에, 사랑하는 딸에게 그런 무거운 짐을 지우고 싶지 않았다. 결국 우리는 수현이의 외출을 통제하고,

교제를 포기하라고 강하게 요구했다. 평생 처음으로 딸을 그렇게 엄하게 대했다. 그러나 마음 한편에서는 이것이 정말 옳은 일인가 하는 질문이 지워지지 않았다.

그런 일이 있고 나서 얼마 지나지 않아 인도네시아로 전도여행을 가게 된 것이다. 하나님은 우리 부부를 부드럽게 그러나 강하게 다루셨다. 강미리암 사모님의 모습을 보는 순간, 낯선 땅, 익숙지 않은 언어와 문화 속에서 묵묵히 사명을 감당하는 그분의 뒷모습이 우리의 마음을 무겁게 울렸다. 수현이를 떠올리지 않을 수 없었다. 하나님 앞에서 감정을 억누르지 못한 채 우리 부부는 그 자리에서 눈물을 흘렸다. 마치 하나님이 이렇게 물으시는 것 같았다. "너는 나에게 헌신한다고 하면서, 너의 자녀는 내게 내어줄 수 없느냐?"

 우리는 깊이 깨달았다. 주님께 내 삶을 드리는 것만으로는 충분하지 않다는 것을. 진정한 헌신은 나의 자녀까지도 기꺼이 하나님의 손에 맡겨드리는 것이며, 그것이 바로 믿음의 유산이 세대에서 세대로 이어지는 길임을 배웠다. 믿음은 내 삶을 넘어 자녀의 삶에서도 하나님이 동일하게 일하시도록 내어드릴 때 비로소 완성되는 것임을, 하나님은 우리 부부에게 분명하게 가르쳐 주셨다.

 이제 나는 기도한다. 주님께 드리는 이 헌신이 단순히 순간의 결단으로 끝나지 않기를. 예수전도단 제자훈련을 통해 내게 부어 주신 하나님의 마음이, 나와 내 가족 모두의 삶 속에서 끊임없이 살아 움직이는 유산으로 이어지기를. 그것이야말로 하나님 나라의 진정한 축복이자 내 인생이 감당할 수 있는 최고의 영광임을 믿는다.

전도여행을 마치며: 선교적 삶으로의 부르심

많은 사람이 전도여행이야말로 'DTS 훈련의 꽃'이라고 부른다. 정확한 표현인 것 같다. 짧은 시간이었지만, 전도여행은 내 영혼 깊은 곳에 하나님이 새겨주신 신앙의 전환점이었다. 인도네시아에서 내가 본 것은, 그 땅 전체를 생각하면 정말 작은 한 조각에 불과했을 것이다. 마치 코끼리 발톱 위에 붙은 털처럼 눈에 띄지도 않는 장면일지라도, 하나님은 그 작은 순간들을 보게 하셨고, 느끼게 하셨으며, 때로는 깊은 부끄러움까지도 경험하게 하셨다. 그 모든 시간은 나를 더 겸손한 사람, 더 깊이 배우고 순종하는 사람으로 다듬어 가는 여정이었다.

그 여정은 선교지를 대할 때 가볍게 판단하지 않도록 내 마음을 붙잡아 주었고, 눈앞의 모든 상황을 단순한 감상으로 지나치지 않고 기도제목으로 품게 했다. 그래서 훈련을 마칠 즈음 내 안에는 이런 다짐이 자리 잡았다. '이제는 교회 안에서 맡겨진 책임과 무게도 감사함으로 감당하자. 하지만 은혜 입은 사람이 진정 머물러야 할 자리는 선교지다.' 그 다짐은 억지로 세운 결심이 아니라 하나님이 조용히 심어주신 확신이었다.

"평생 선교지를 여행하는 마음으로 살아가라." 이 말씀은 곧 내 삶의 방향이 되었고, 나는 기꺼이 그 길을 따르기로 마음을 정했다. 성령 충만함을 구하며, 주어진 모든 상황과 만나는 사람들을 위해 기도하며 살아갈 것이다. 어디에 있든 깨어 있는 마음으로 하루를 맞이하고, 하나님의 말씀을 묵상하며 그분의 음성에 귀 기울이는 삶을 이어가고 싶다. 하나님이 보여주신 사랑의 성품을 닮고자 애쓰며, 내가 축복의 통로라는 사실을 잊지 않고 살아가려 한다. 그 사랑과 은혜가 내 삶을 통해 세상 가운데 흘러가기를 기도한다. 오늘도 나는 그렇게 기도하고 훈련하며 살아가고 있다.

전도여행 이후의 이야기: 하나님의 확장된 계획

광주에서 BEDTS를 마친 지 2년쯤 되었을 무렵, 하나님은 내 삶을 통해 뜻밖의 새로운 일을 시작하셨다. 내가 살고 있는 군산에

YWAM(예수전도단) 지부가 세워진다는 것이다. 더욱 놀라운 것은, 내가 광주에서 훈련받던 당시에 찬양을 인도하셨던 김진환 간사님이 군산 YWAM 지부장으로 오신다는 사실이었다. 그 소식을 들었을 때의 반가움과 감격은 이루 말할 수 없었다.

나는 운영하고 있는 회사 건물의 일부 공간을 예수전도단 사무실로 기꺼이 내어드렸다. 또한 우리 교회 당회의 허락을 받아, 매주 화요일마다 교회 교육관 4층에서 찬양 모임을 열 수 있도록 협력했다.

하나님은 나를 훈련시키는 데에만 그치지 않으셨다. 훈련 이후의 삶 속에서도 선교적인 시선과 태도로 살아갈 수 있는 구체적인 자리와 기회를 열어주셨다. 이 모든 일이 우연이 아니라는 것을 안다. DTS 훈련은 잠깐의 헌신이나 일시적인 열정이 아니라, 삶의 방향을 다시 바라보게 한 소중한 여정이었다. 그 시간을 통해 내 안에 자리 잡은 부르심은 단순한 감동을 넘어 앞으로의 삶 전체를 이끄는 기준이 되었다. 나는 이 귀한 깨달음이 나만의 경험으로 끝나지 않기를 바란다. 내 가정과 자녀들 그리고 다음 세대에까지 이어지는 축복의 유산이 되기를 간절히 소망한다.

김진환(예수전도단 군산지부장) 간사님 이야기

제가 박양일 장로님 부부를 처음 만난 것은 지금으로부터 25년 전, 예수전도단 광주지부에서 직장인과 주부들을 대상으로 주말 BEDTS 훈련이 진행되던 시절이었습니다. 당시 저는 찬양 인도자로서 훈련을 섬기고 있었습니다. 처음 뵌 장로님은 온유하면서도 따뜻하고 동시에 강직한 인상을 주는 분이었고, 권사님은 조용하고 부드러우며 소녀 같은 순수함이 느껴지는 분이었습니다.

두 분은 유일하게 광주가 아닌 군산에서 훈련에 참여하기 위해, 매주 주말마다 두 시간이 넘는 거리를 왕복하셨습니다. 매주 그 먼 여정을 감당하는 일은 결코 쉽지 않았을 것입니다. 특히 내적 치유가 있었던 2주는 매일 먼 거리를 오가며 훈련에 임하셨는데, 그럼에도 불구하고 단 한 번도 지각하거나 흐트러진 모습을 보이신 적이 없었습니다. 늘 성실하고 진실하게 훈련에 참여하시던 모습은 지금도 인상 깊게 남아 있습니다.

기억에 남는 이야기 중 하나는, 차 안에서 아내 권사님과 강의의 은혜를 나누며 울고 웃은 시간이 너무도 소중했다는 장로님의 고백이었습니다. 광주로 향하는 그 시간이 단순한 이동이 아니라 하나님의 임재를 누리고 부부의 관계가 더 깊어지는 귀한 여정이었다고 말씀하셨는데, 그 고백은 지금까지 마음 깊은 곳에 따뜻한 울림을 줍니다.

나중에 들은 이야기지만, 훈련 중 재정적인 어려움으로 전도여행에 참여하지 못할 위기에 놓인 학생들을 위해, 장로님 부부께서 조용히 기도하며 필요한 헌금을 내주신 일도 있었습니다. 두 분은 언제나 다른 이들의 필요에 마음을 열고, 넉넉한 손길로 섬기는 일을 주저하지 않으셨습니다. 저희 가정도 오랜 시간 두 분에게 사랑 어린 섬김을 받았고, 예수전도단 군산지부 역시 그 은혜를 함께 누리고 있습니다.

2002년, 하나님의 인도 속에 군산지부 개척을 준비하며 아무 기반도 없이 군산에 들어섰을 때였습니다. 무엇을 어디서부터 시작해야 할지 막막하던 그 시기에, 장로님이 먼저 찾아와서 한 건물을 보여주며 사무실로 사용하라고 말씀해 주셨습니다. 그곳은 예수전도단 군산지부의 시작점이 되었고, 이후 수많은 사람이 훈련받고 자라며, 사역자들이 세워지는 공간으로 자리 잡았습니다. 10년이 넘는 시간 동안 아무 조건 없이 기꺼이 그 공간을 내어주신 장로님의 마음은 지금도 잊을 수 없습니다.

여러 사정으로 인해 첫 사무실을 나오게 되었을 때, 오히려 장로님이 저희에게 미안해하셨습니다. 저희는 결코 그렇게 생각하지 않았지만, 그 모습에서 장로님의 깊은 배려와 책임감을 느낄 수 있었습니다. 그 후 몇 해 동안 다른 공간을 임시로 사용하다가 다시 사무실을 옮겨야 하는 상황이 되었고, 재정적인 여건도 쉽지 않아 기도하며 길을 구하던 중이었습니다.

그 무렵 '사무실'에 대한 기존의 개념을 새롭게 하는 계기가 있었습니다. 하나님은 단순히 사역자들이 일하는 공간이 아니라 사역하는 대상들과 함께 머물고 어울릴 수 있는 공간에 대한 비전을 주셨습니다. 당시 군산지부는 다음 세대를 위한 사역에 집중하고 있었기에, 청소년들이 자유롭게 드나들면서 놀고, 쉬고, 예배하고, 마음을 나눌 수 있는 그런 공간을 꿈꾸고 있었던 것입니다.

그러던 어느 날 장로님 부부로부터 연락이 왔습니다. 함께 식사하는 자리에서 장로님은 조심스럽게 두 분의 마음을 나누셨습니다. 요지는 하나님이 예수전도단 사무실을 위해 재정적 도움을 주라고 감동을 주셨다는 것이었습니다. 하나님의 정확한 타이밍, 곧 카이로스의 순간이었습니다. 그 순종의 결단으로 지금의 청소년 문화 공간 '브릿지' 사역이 시작되었고, 그 공간을 통해 예수전도단 군산지부는 많은 청소년이 예배하고, 친구들과 교제하며, 쉼과 회복을 누리는 은혜의 장소로 자리를 잡았습니다. 이 사역은 지금도 군산지부의 이야기 속에서 가장 뜻깊은 하나님의 역사 가운데 하나로 기억되고 있습니다.

처음 군산에 들어와 화요 예배 모임을 시작할 당시에도, 아무 연고 없이 시작한 그 모임을 위한 공간을 장로님의 도움으로 마련할 수 있었습니다.

그곳에서 드린 첫 예배는 군산 땅을 향한 하나님의 부르심에 응답하는 첫 걸음이 되었습니다. 이후에도 장로님 부부는 지부의 다양한 사역에 기꺼이 동역해 주셨습니다.

  2004년, 군산에서 처음 시작된 BEDTS 훈련에도 두 분이 스태프로 함께하며 많은 학생에게 따뜻한 격려와 지지를 보내주셨습니다. 그 섬김은 예수전도단 군산지부의 역사 곳곳에 선명하게 새겨져 있습니다. 지난 25년 동안 두 분은 저희 가정뿐 아니라 군산지부와 깊은 관계를 꾸준히 이어오셨고, 때때로 간사들을 불러 식사를 대접하며 격려해 주시는 등 다양한 섬김을 아끼지 않으셨습니다.

주님 안에서 복되고 귀한 삶을 살아오신 두 분과 교제한 시간은 하나님의 큰 은혜였으며, 지금까지 감사와 기쁨으로 기억하고 있습니다. 두 분이 걸어오신 삶의 여정 위에 주님의 풍성한 축복이 늘 함께하기를 바랍니다. 또한 그 삶을 가까이서 본 자녀 세대들이, 두 분의 본을 따라 하나님 나라를 위해 끝까지 충성되게 살아가기를 기도합니다.

교회의 예수제자학교

2000년대 초반, 나는 예수전도단에서 직장인을 대상으로 하는 BEDTS 과정을 수료하면서, 이전까지 종교적이고 형식적이기만 했던 신앙에 놀라운 변화를 경험했다. 그때까지 나는 매주 주일이면 어김없이 교회에 출석하고, 정해진 의무를 감당하는 것으로 신앙의 자리를 지켜왔다. 그러나 제자훈련을 통해 '나는 왜 그리스도인으로 살아야 하는가?'라는 근본적인 질문 앞에 서게 되었고, 하나님을 아는 지식이 머리에 머무르지 않고 가슴으로 내려오는 은혜를 경험했다. 그 순간부터 신앙은 더 이상 습관이 아니라, 내 삶의 방향이자 존재 이유가 되었다

그러자 어느 순간부터 이 은혜를 나 혼자 간직할 수 없다는 생각이 들었다. '우리 교회 성도들도 이 생명의 경험을 누려야 한다!'는 열망이 마음 깊이 자리 잡았다. 단순히 교회에 다니는 신자가 아니라 삶으로 하나님을 증거하는 참된 제자로 세워지기를 간절히 바랐던 것이다.

2015년, 나는 홍건표 담임목사님과 함께 방글라데시와 인도를 방문했다. 그곳에는 우리 교회가 헌신하여 세운 교회 건물들이 있었는데, 현장을 둘러보는 동안 하나님의 살아 계심을 피부로 느

낄 수 있었다. 그 여정 중 동행한 박희석, 채이석 장로님과 더불어 김현철 선교사님과 제자훈련에 대한 이야기를 나누었다. 내 이야기를 들은 김 선교사님은 "모 교회에서 그런 귀한 사역이 시작된다면 기꺼이 귀국하여 함께 섬기겠다"고 약속하셨고, 그 말씀은 내 마음 속에 오래도록 남았다.

귀국 후 나는 이 일을 놓고 하나님 앞에 간절히 기도하기 시작했다. 그러나 현실은 간단하지 않았다. 당시 담임목사님은 예수전도단에 대해 다소 부정적인 인식을 가지고 계셨기에 쉽게 말씀 드릴 수 없었다. 그래서 오랫동안 조용히 하나님께만 아뢰었다. "하나님, 주님이 원하신다면 길을 열어주십시오." 하나님은 놀라운 방법으로 일하셨다. 어느 날 뜻밖에도 담임목사님이 먼저 "DTS를 경험해 보고 싶다"고 말씀하셨고, 이후 목회자 DTS 과정을 수료한 뒤 교회 안에서 제자훈련을 시작하기로 결정하셨다.

2016년 3월, 마침내 우리 교회에서 예수제자학교(Jesus Disciples School, 이하 JDS)가 시작되었다. 시작은 미약하고 쉽지 않았다. 우리 부부와 채이석, 박희석 장로님 부부가 중심이 되어 섬겼고, 김현철 선교사님 부부가 귀국하여 제자훈련에 리더십으로 함께해 주셨다. 그러나 제자훈련을 경험한 성도가 거의 없었기에, 많은 부분에서 전북지부 김진환 목사님의 지원을 받아야 했다.

JDS에는 20대 청년부터 70대 권사님까지 다양한 세대가 함께

했다. 서로 다른 연령과 배경의 성도들이 한가족처럼 어울려 강의를 듣고, 삶을 나누며, 예배 가운데 울고 웃었다. 이런 훈련이 아니었다면 교회 안에서 얼굴을 마주하고 대화를 나누는 것조차 어려웠을 것이다. 그렇게 JDS는 세대를 초월한 교제와 연합의 장이 되었고, 하나님은 모든 세대를 사용하시는 분임을 명확하게 알게 되었다.

첫 해의 훈련은 시행착오가 많았다. 선교단체가 아닌 지역 교회 안에서 진행되는 훈련이었기에 시간적 제약도 컸고, 성도들의 영적 갈급함도 제각각이었다. 깊은 영성에 이르기까지 넘어야 할 벽이 많았지만, 성령님은 공동체 안에 놀라운 변화를 일으키셨다.

훈련을 마친 성도들은 진지하게 묻기 시작했다. "진짜 그리스도인으로서 나는 어떻게 살아야 합니까?" "교회 안에서 어떤 사명을 감당해야 합니까?" 그때마다 나는 한결같이 대답했다. "말씀을 묵상하십시오. 그리고 그 묵상을 나누십시오." 그리고 덧붙였다. "JDS는 직책을 맡기 위한 훈련이 아닙니다. JDS는 인격적으로 예수님을 닮아가는 여정입니다. 받은 은혜는 반드시 삶의 자리로 흘러가야 합니다. 훈련 이후가 진짜 사역의 시작입니다."

실제로 훈련을 마친 성도들의 삶에서 작지만 의미 있는 변화가 일어나기 시작했다. 말씀을 삶에 적용하려는 작은 실천들이 이어졌고, 교회는 점점 더 건강한 영적 공동체로 변화되어 갔다.

우리는 훈련의 연장선에서 전도여행을 떠났다. 몽골, 일본, 캄보디아, 인도, 말레이시아, 인도네시아 등 다양한 선교지를 향해 발걸음을 옮겼다. 직장에 다니는 성도들이 휴가를 내고 가족의 허락을 받아 일주일씩 선교지로 나가는 일은 결코 쉽지 않았다. 그러나 하나님은 한 사람도 낙오하지 않도록 길을 여시고, 끝까지 그 사명을 감당하도록 인도하셨다.

선교지에서 우리는 상상을 넘어서는 헌신으로 복음을 전하는 선교사님들과, 열악한 환경 속에서도 믿음을 지키는 현지 신자들을 만날 수 있었다. 이를 통해 진정한 성도는 한국 교회와 가정 안에만 머물러서는 안 되며, 세상과 열방을 향해 나아가야 한다는 사실을 깨달았다. 전도여행은 단순한 외부 사역이 아니었다. 성도들의 신앙을 새롭게 하고, 교회의 영적 체질을 변화시키는 하나님의 특별한 도구였다.

나는 오랜 시간 교회 안에 제자훈련이 세워지기를 꿈꾸며 기도해 왔다. 하나님은 작은 소망을 현실로 이루어 주셨고, 지금도 그 열매는 살아 숨 쉬고 있다. 오늘도 많은 성도가 말씀을 묵상하고 나누며, 삶으로 주님의 성품을 드러내기 위해 애쓰고 있다. JDS를 통해 세워진 평신도들은 하나님의 열심을 품은 사역자로 자라고 있으며, 그 헌신은 교회가 건강하고 견고하게 세워지는 든든한 기초가 되고 있다. 30여 년 전 하나님의 임재와 성령의 역사를 처음 경험했던 그때처럼, 하나님을 아는 것이 우리 삶과 신앙의 가장 본질적인 이유이며, 우리가 끝까지 붙들어야 할 가장 귀한 소망임을 나는 여전히 믿고 있다.

묵상 모임

나는 지금까지 한 교회에서만 신앙생활을 해왔다. 다른 교회로 옮기거나 분란을 일으키는 일 없이, 집사로 그리고 장로로 세워져 구역과 부서 사역을 충실히 감당하며 묵묵히 교회를 섬겼다. 그러나 내 안에는 말로 표현하기 어려운 깊은 갈망이 있었다.

그것은 바로 하나님을 더 깊이 알고자 하는 열망이었다. 말씀 안에서 살아 계신 하나님을 인격적으로 만나고 싶은 목마름이었다. 하나님은 그런 나를 외면하지 않으셨다. 영적인 친구들과 믿음의 동역자들을 보내주셔서, 함께 삶을 나누고 서로의 신앙을 격려하며 자랄 수 있도록 은혜의 길로 인도하셨다.

2000년 가을, 제자훈련을 마친 직후 최화남 권사님의 제안으로 몇몇 신앙의 동역자들이 우리 집에 모이기 시작했다. 나를 비롯해 신명철, 이현규, 박희석, 채이석 형제와 감리 교회 출신의 성도

몇 명이 모였다. 그 모임은 매번 시간이 가는 줄도 모를 만큼 은혜가 넘치는 자리였다. 자정이 가깝도록 각자 묵상한 말씀을 나누고, 서로를 위해 눈물로 기도하던 시간들이 지금도 선명하다.

처음에는 개인 묵상과 나눔에 집중했지만, 시간이 흐르면서 우리의 시선은 점차 열방을 향한 하나님의 심장으로 확장되었다. 묵상의 깊이는 곧 선교로의 부르심과 연결되었고, 우리의 모임은 몇 해 동안 선교 공동체로 자라나며 계속 이어졌다. 그러는 동안 하나님은 우리를 깊이 만나주셨다. 묵상은 단순히 말씀을 아는 차원을 넘어, 하나님의 마음을 품고 세상을 향한 그분의 눈물과 열정을 함께 배우는 시간이 되었다. 몇 년이 흐른 뒤, 우리는 각자의 교회와 공동체 안으로 흩어져 이 묵상의 불씨를 더 넓은 곳으로 나누기로 했다. 아쉬움도 컸지만, 하나님 나라를 향한 더 큰 순종의 여정이 시작되었다.

그러던 중 사랑하는 신명철 형제에게 큰 고통이 찾아왔다. 딸 샘이의 긴 투병과 이별, 그로 인한 슬픔은 말로 다할 수 없는 쓰나미 같은 고통이었다. 샘이의 장례 후 교회에서 위로 예배를 드리던 날, 목사님이 위로의 말씀을 전한 뒤 내게도 한마디 부탁하셨다. 솔직히 당황스러웠다. 이미 목사님이 좋은 말씀을 해주셨기에, 내가 무슨 말을 덧붙일 수 있을지 마음이 무거웠다. 그럼에도 조심스럽게 하나님이 주시는 마음을 따라 몇 마디를 나누었다.

"샘이의 일을 겪기 전 같았다면, 그래도 선배랍시고 위로나 권면의 말씀을 조심스럽게라도 드릴 수 있었을 것입니다. 그러나 지금 이 자리에서는 어떤 말씀도 감히 쉽게 드릴 수 없습니다. 저는 신명철 형제님이 이 깊은 시간들을 지나며 신앙적으로 크게 성장하시는 과정을 뚜렷이 보았습니다. 샘이가 병상에서 힘겹게 투병하던 지난 1년, 그리고 샘이를 떠나보낸 후 또 다른 1년 동안, 형제님이 깊은 성품의 훈련을 받으시는 것을 믿음으로 바라보았습니다. 절망의 자리에서도 하나님을 향한 신뢰를 놓지 않으셨고, 참을 수 없는 아픔 가운데서도 하나님을 예배하고 찬양하셨습니다. 저는 그 모습에서 이전과는 다른 형제님의 성장과 성숙을 발견했습니다.

미안하고 안타까운 마음으로 바라보던 제게, 오히려 형제님이 평온한 얼굴로 다가와 하나님의 메시지를 들려주셨습니다. 지난 2년의 시간은 형제님을 더욱 단단하게 성장시키신 하나님의 특별한 은혜였음을 저는 믿습니다. 형제님이 이 믿음을 끝까지 붙드시고, 많은 이에게 선한 영향력을 끼치는 삶을 살아가시기를 소망합니다."

그날 우리는 함께 울었고 함께 하나님을 바라보았다. 묵상 모임을 시작할 때는 상상도 못했던 여정이었지만, 하나님은 그 모임을 통해 우리를 훈련시키셨고, 말씀 가운데 영혼을 살리고 영혼을 품는 하나님의 마음을 나누게 하셨다.

나는 교회 안에서의 공식적인 모임에도 늘 충실히 참여했다. 예배, 기도회, 성경공부, 다양한 집회 등을 통해 많은 은혜를 누렸다. 그러나 교회 밖에서 이어진 믿음의 교제 또한 내 신앙에 깊은 생명력을 불어넣는 귀한 통로였다. 때로는 아버지학교, 제자훈련 같은 선교단체의 훈련에도 참여했다. 담임목사님의 허락 아래 진행된 그 훈련들은 내 신앙을 더 단단하고 깊게 다듬어 주었다. 그리고 그 열매는 자연스럽게 교회 공동체 안으로 흘러들어갔다.

하나님은 이 작은 순종을 기뻐하셨고, 내 주변에 연결된 믿음의 공동체들과 함께 삶을 나누며 신앙을 세워갈 수 있도록 인도해 주셨다. 신앙은 그저 머무는 것이 아니라, 하나님을 깊이 알아가며 그분과 함께 성장해 나가는 끊임없는 여정이라는 것을 나는 믿는다. 그리고 그 여정의 모든 순간마다, 하나님은 변함없이 나와 함께하며 은혜를 베풀어 주셨다.

신명철 장로님의 편지

장로님, 안녕하세요. 신명철입니다. 주님 안에서 평안하셨는지요?

지난 겨울에는 유난히 매서운 바람과 추위가 몰아쳤지만, 언제 그랬냐는 듯 이제는 꽃피는 봄을 맞을 준비를 하고 있습니다. 아직 새벽 공기는 차갑고 월명공원의 산책길에도 겨울의 기운이 남아 있지만, 은파호숫가의 벚나무들은 무거운 겨울옷을 벗어던지고 곧 뛰어 놀 아이들을 맞으려는 듯 가지마다 푸른빛으로 꽃망울을 맺고 있습니다. 장로님, 환절기에 건강 유의하시고, 영혼과 육체가 늘 강건하시길 기도합니다.

요즘 시편 90편 모세의 기도를 자주 묵상합니다. "우리의 연수가 칠십이요 강건하면 팔십이라도 그 연수의 자랑은 수고와 슬픔뿐이요 신속히 가니 우리가 날아가나이다"(시 90:10).

살같이 지나가는 세월과, 그 시간 속에 담긴 수고와 슬픔을 생각하다 보니 문득 장로님을 처음 만났던 때가 떠오릅니다. 10여 년간 다녔던 직장을 그만두고 교회 공동체로부터 받은 상처로 마음 아팠던 30대 후반, 심신이 지친 상태에서 최화남 권사님의 소개로 장로님을 만나게 되었습니다. 50대 중반이셨던 장로님은 선한 인상과 온유함이 배어나는 넉넉한 큰형님 같은 모습으로 저를 맞아주셨습니다.

매주 열렸던 묵상 모임은 상처받은 저의 내면을 치유하고 위로하는 귀한 시간이었습니다. 장로님과 권사님은 바쁜 사업과 사회 활동 중에도 매주 변함없이 가정을 열어 다과를 준비하시고, 몸과 마음을 다해 저희를 섬겨주셨습니다. 그곳은 다윗 시대의 아둘람 굴 같았습니다. 환란을 겪은 자들, 마음이 원통한 자들, 지친 자들이 모여 하나님 안에서 새 힘을 얻는 은혜의 자리였습니다. 그곳에서 저는 인생의 희로애락 속에서 하나님이 어떻게 역사하시는지 배웠고, 죽음의 터널조차 두려워하지 않고 믿음으로 승리하는 동역자들의 모습을 보았습니다. 서로를 위해 어떻게 기도하고, 무엇을 위해 기도해야 하는지 배운 소중한 시간이었습니다.

장로님을 통해 열방을 향한 아버지의 깨어진 마음을 배웠고, 그 순종의 결과로 국제협력선교회를 결성해 지난 20여 년간 중국, 이동 신학교(안성), 그리고 미얀마, 인도, 라오스, 말레이시아, 필리핀 등 수많은 선교지와 선교사님들을 섬기는 은혜를 누렸습니다. 장로님을 본받아 저 또한 교회 공동체와 청년 사역을 섬기면서, 가정을 열어 청년들을 세워가는 일이 얼마나 값지고 동시에 얼마나 무거운 일인지 깨달았습니다. 그 섬김의 수고를 몸소 실천하신 장로님께 다시 한번 깊은 감사와 존경을 드립니다.

장로님은 가정과 지역 사회를 세우는 일에도 변함없이 헌신하셨습니다. 군산 아버지학교 1기를 장로님의 권유로 수료하면서, 가정의 소중함과 아버지로서의 사명을 새롭게 배웠습니다. 권위적인 아버지의 모습에서 벗어나 건강한 가정을 이루어야 한다는 깨달음은 저의 가정뿐만 아니라 많은 이에게 큰 전환점이 되었습니다. 수많은 지원자가 장로님과 권사님 같은 아름다운 가정을 꿈꾸게 되었고, 백발이 성성한 아버지학교 교장님의 모습은 믿음이 없던 이들에게도 닮고 싶은 존경의 대상이 되었습니다. 장로님이 섬기신 아버지학교 사역은, 지역 사회와 교회 공동체를 세우고 깨어진 가정을 회복시키는 진정한 생명의 사역이었음을 확신합니다.

장로님의 소개로 예수전도단 BEDTS에 참여했던 때는 저와 아내가 인생의 가장 큰 고비를 맞은 시기였습니다. 하나님의 성품을 배우고 알아가는 귀한 시간이었지만, 사랑하는 첫딸을 하늘나라로 보내야 했던 가슴 아픈 시간도 함께 찾아왔습니다. 그 죽음 같은 절망의 순간, 장로님과 권사님은 저희 부부를 사랑으로 품어주시고, 함께 울며 함께 기도해 주셨습니다. 그 사랑과 눈물이 있었기에 저희는 절망의 깊은 터널을 무너지지 않고 지나올 수 있었습니다. 그때 받았던 사랑을 생각하면 지금도 가슴이 뜨거워집니다. 평생 잊을 수 없는 은혜입니다.

장로님을 통해 젊은 시절 받은 하나님의 사랑과 은혜는 어떤 말과 글로도 표현할 수 없습니다. 인생의 큰 변곡점마다 장로님은 제게 하나님의 마음을 전해주셨습니다. 그 시간을 통해 저의 사명을 깨닫고, 하나님 나라를 향한 꿈을 품을 수 있었습니다. 좋은 열매를 맺는 좋은 나무처럼, 장로님이 심으신 나무들은 가정과 교회, 지역 사회 곳곳에 아름다운 열매를 맺고 새들이 깃들어 쉬어가는 쉼터가 되어가고 있습니다.

"우리에게 우리 날 계수함을 가르치사 지혜로운 마음을 얻게 하소서"(시 90:12)라고 간구했던 모세처럼, 그리고 인생 말년에 "이 산지를 지금 내게 주소서"(수 14:12)라고 외쳤던 갈렙처럼, 장로님 또한 믿음과 열정으로 살아 계신 하나님 앞에 인생을 드리고 계십니다.

장로님, 부족한 저에게 나누어 주셨던 생명의 시간을 저도 또 다른 누군가에게 흘려보내는 삶을 살겠습니다. 사랑하고 존경하며, 언제나 하나님이 기뻐하시는 자리에 굳게 서 계시길 진심으로 기도하고 축복합니다.

신명철 장로 드림

아버지학교

"주님, 제가 아버지입니다. 아버지가 살아야 가정이 산다." 1995년 두란노서원에서 시작된 아버지학교 운동은 시대의 공허함을 꿰뚫는 메시지와 함께 놀라운 반향을 일으켰다. 짧은 시간 안에 전국으로 확대되어 세계로 퍼져나갔고, 수많은 가정을 회복시키는 성령의 도구로 쓰임 받았다. 그 시절 많은 이의 가슴을 울렸던 고백이 있다.

> "나의 이름은 남자입니다. 남자는 그래도 되는 줄 알았습니다.
> 식구들이 기다려도 일이 있으면 늦어도 되는 줄 알았고,
> 아이 생일을 잊어도 친구와의 약속은 지켜야 의리라 믿었습니다.
> 가정의 작은 즐거움보다는 직장과 성공이 더 위대하다고 생각했습니다.
> 그런데 이제 보니, 나의 이름은 아버지였습니다.
> 자녀들이 애타게 기다리는 아버지,

다정한 말 한마디, 따뜻한 포옹을 원하는 아버지.
가족이 필요로 하는 남편이자, 삶의 중심이 되어야 할 사람이
바로 나였습니다."

"그가 아버지의 마음을 자녀에게로 돌이키게 하고 자녀들의 마음을 그들의 아버지에게로 돌이키게 하리라"(말 4:6a)는 말라기서의 말씀처럼, 아버지학교는 무너져 가는 가정과 사회를 일으키기 위해 하나님이 세우신 회복 운동이다. 2001년 12월까지 국내 166회, 해외 24회 총 190회가 열렸고, 약 1만3천 명의 아버지가 이 사역을 통해 변화되었다. 아버지들이 가정으로 교회로 돌아왔고, 가족 간에 막혀 있던 담이 허물어지는 역사가 곳곳에서 일어났다. 아버지학교는 단순한 프로그램이 아니다. 혼돈에서 질서로, 공허에서 충만으로, 암흑에서 빛으로 나아가는 하나님의 비상구이다. (하용조 목사님의 인사말 중에서)

아버지학교를 만나다: 군산에도 불꽃이

2000년, 담임목사님과 나를 포함한 일곱 명의 장로는 온누리교회에서 열린 리더십 세미나에 참석했다. 그 자리에서 아버지학교 운동의 뜨거운 열정을 직접 경험했고, 그것이 가정과 교회, 사회에 얼마나 필요한 사역인지를 뼈저리게 깨달았다. 세미나를 마치고

돌아온 우리는 그 감동을 성도들과 나누었고, 곧 아버지학교의 불씨는 교회 안에 빠르게 번져나가기 시작했다.

처음에는 전주에서 열리는 아버지학교에 25명이 등록하며 조용히 시작되었다. 그러나 그 출발은 단순한 숫자 이상의 의미가 있었다. 젊은 집사님들을 중심으로 참여가 이어졌고, 매 기수마다 지원자가 늘어나는 흐름 속에서 아버지학교는 교회 안에 변화의 바람을 일으켰다. 그리고 2002년, 김성묵 장로님의 권유와 하나님의 인도 속에서 우리는 군산 지역 제1기 아버지학교를 열기로 결단했다.

두려움과 떨림 속에서 믿음으로 준비를 시작했고, 고린도후서 7장의 말씀을 나누며 우리 안의 염려와 부담을 하나님 앞에 내려놓았다. '비천한 자를 위로하시는 하나님'을 의지하며 우리는 그저 순종했고, 하나님이 행하실 일을 믿음으로 기다렸다. 전주, 목포, 익산 등 인근 지역에서도 아낌없는 협력이 이어졌으며, 필요한 인원과 자원은 하나님의 은혜로 넘치게 채워졌다.

드디어 아버지학교가 '군산 제1기'라는 이름으로 시작되었다. "주님, 제가 아버지입니다!"라는 슬로건 아래 주말마다 5주간 진행된 훈련은 놀라운 은혜의 시간으로 채워졌다. 처음에는 지원자가 부족할까 염려했지만, 군산 지역 여러 교회의 적극적인 참여 속에 순조롭게 진행되었다. 우리는 매주 기도 모임을 이어가며 겸손히 성령의 도우심을 구했다.

아버지학교는 곧 성령 운동이었고, 가정 회복 운동이었다. 훈련이 진행되는 동안 성령의 강한 임재를 경험했다. 아버지들이 하나님 앞에 무너졌고, 오랫동안 쌓여 있던 가정의 벽들이 하나씩 허물어졌다. 이혼의 위기 속에서 마지막 기회라며 참여한 어느 가정은 아버지의 회개와 눈물의 고백을 통해 회복되었고, 이를 지켜보던 호텔 관계자가 감동해 스위트룸을 제공하는 일도 있었다. 교회에 전혀 관심이 없던 아버지들이 훈련 후에는 주일이면 가족의 손을 잡고 예배당 가장 앞줄에 서서 찬송하는 기적 같은 일도 적지 않았다.

나는 군산 아버지학교 제1기부터 약 6년간 책임자로 섬겼고, 그 기간 동안 1천여 명의 아버지가 이 훈련을 수료했다. 아버지학교 사역은 이후에도 군산 지역에서 계속 이어져, 교회와 지역 사회 안에 큰 영향을 남겼다. 우리가 이 사역을 시작한 배경에는 분명한 고민이 있었다. '어떻게 하면 젊은 아버지들이 자연스럽게 교회에 출석하게 할 수 있을까?' '어떻게 하면 그들이 가정과 교회 안에서 아버지로서의 책임을 잘 감당하도록 도울 수 있을까?' 이 질문이 바로 아버지학교가 시작된 이유였다.

우리 교회도 이 운동을 통해 큰 변화를 경험했다. 변화된 아버지들보다 더 기뻐한 이들은 바로 아내와 자녀들이었다. 아버지 한 사람이 회복되자 가정 전체가 살아나는 역사가 곳곳에서 일어났다. 하나님은 가정을 통해 일하기를 기뻐하신다. 창조의 질서대로 남자가 여자와 한몸을 이루고 그 안에서 아버지로서의 사명을 감당할 때, 하나님은 그 가정을 통해 자녀를 세우시고 교회와 사회를 건강하게 하신다.

아버지학교는 단지 교회 안의 남성들을 세우는 사역이 아니었다. 아버지를 회복시킴으로써 가정을 살리고 나아가 이 땅을 새롭게 하시는 회복의 통로였다. 무엇보다 감사한 것은, 나 자신이 하나님의 은혜 가운데 건강한 남편이자 아버지로 새롭게 거듭나게 되었다는 사실이다. 그리고 그 회복의 은혜가 수많은 아버지를 통해, 가정과 교회와 사회로 흘러가고 있다는 것이 지금까지 큰 감사와 보람으로 남아 있다.

아내에게 쓴 편지 - 잊을 수 없는 고백

나는 전주에서 열린 아버지학교 2기 수료생이다. 첫 주에는 아내에게 편지 쓰는 과제를 완성하지 못해 부끄러웠지만, 다음 주에 과제 "아내가 사랑스러운 이유"를 적으면서 정성을 다해 마음을 담았다.

사랑하는 아내에게

파아란 가을 하늘
길섶에 하늘거리는 코스모스처럼
스물다섯 나이
그렇게 가녀린 모습으로 시집와서
27년 모진 세월을
잘도 참고 살아온 당신이 정말 자랑스럽소

문득 문득 옛일을 생각하면
도둑으로 첫 키스할 때
홍당무되어 당황하던 당신 얼굴이
얼마나 예쁘던지
자전거 둘이 타고 데이트할 때도
자가용타고 친정가게 해주겠다며
큰소리치는 내 등에
작은 얼굴 꼬옥 묻어오며
깍지 낀 팔에 힘을 주던 당신이
얼마나 사랑스러웠는지 모른다오

어쩌다 걸인들 옆이라도 지나게 되면
그냥 못가고 주머니 속을 더듬던 당신
그나마 동전이라도 없을 량이면
내 주머니까지도 뒤져 가져가던 당신을
내가 얼마나 흐뭇해했는지 모를 거요

그러다 결혼해서
아이 같던 아이가 아이를 넷이나 낳고도
이렇게 건강한 어머니 되어 있는
당신은 정말 훌륭하오

아이를 넷씩이나 키워냈으면서도
누구 하나 모자람 없이
자랑스럽게 키워낸 당신이야말로
그 아이들보다 더 자랑스러운 존재요

공장을 한답시고
일밖에 모르는 내게 시집와서는
그래도 남편을 돕겠다며
풀무 불에 물국수 끓이며 눈이 매워 울었어도

행복한 듯 미소를 잃지 않았던 당신이
내게 얼마나 큰 격려가 되었는지 모른다오

까다롭기로 소문난 시아버지와
25여 년께 살면서
심장병 생겼을 만큼 마음은 졸였어도
그래도 큰며느리가 최고라며 미더워하실 때는
더할 수 없이 흐뭇했었소

결코 쉽지 않은 어머니와
맞설 수 없었던 세월 속에 묻어 둔 아픔들

해는 져서 어두운데 찾아오는 사람 없어…
뒷마루에 숨어 부르며
눈물짓던 당신을 생각하면
지금도 왜 이렇게 마음이 아픈지 모르겠소

배가 남산만큼 불렀어도
어김없이 새벽밥 해주며 날 내보냈고
자정 넘도록 기다리던 대문 밖 당신 모습

그래도 오늘은 일찍 왔네요? 많이 힘들었지요?
위로해 주던 그때를 생각하면
지금도 눈시울이 뜨거워진다오

세상에서 가장 잘난 척 착각하며 사는 남자
그 남자 비위 맞추며 27여 년을 살고 있는 당신을
천사 말고는 다른 말로
표현할 방법이 없을 것 같소

지혜가 있어서
어려운 일도 쉽게 말할 수 있는 당신이었고
웬만한 일은 접어두고 사는 아량이 있었기에
동기 간 우애도 가능했으리라 생각하오
마음이 착하고 맑은 물 같아서
하나님이 정말 당신을 사랑하셨고
당신이 하는 기도라면
무엇이든 다 들어주셨지 하는
기억과 믿음이 지금도 내게 있소

어느덧 눈가에 목덜미에
잦아진 주름만큼이나 긴 세월이 지났지만
집 안 가득 배어 있는 향기 그윽한 국화처럼
당신은 정말 아름답소

그러나 무엇보다도 당신이 더욱 아름다운 것은
지금도 내 팔베개 없이는
잠을 못 이루는 당신이기 때문이오

여보, 이제 우리 이렇게 삽시다
젊은 아이들 우릴 보면 결혼하고 싶어지고
교회 성도들 우릴 보면 닮아 살고 싶어지고
세상 사람들 우릴 보면 예수 믿고 싶어지게
그렇게 삽시다 여보

아버지학교를 통해, 나는 '남자'가 아니라 '아버지'로 '남편'으로, 하나님이 맡기신 가정의 '진짜 리더'로 다시 태어났다. 이 모든 것이 하나님의 놀라운 은혜였다.

이현규 장로님의 글

2000년경, 최화남 권사님의 제안으로 묵상 모임을 시작하게 되었습니다. 당시 박양일 장로님은 매주 저녁마다 기꺼이 가정을 열어주셨습니다. 시간이 흐르면서 저는 박 장로님이 한결같이 투명한 삶을 살아가시는 분임을 알게 되었고, 그 투명함이 장로님 삶의 활력소임을 느낄 수 있었습니다.

교회와 사회에서 중직을 맡고 계셨던 만큼, 장로님의 묵상은 단순한 열정에 그치지 않고 신앙의 균형감을 담고 있었습니다. 열정만 앞섰던 저에게, 장로님은 신앙의 중심을 잡아주는 든든한 닻과도 같은 분이었습니다.

묵상 모임을 통해 신뢰가 쌓이면서, 장로님의 권유로 군산 아버지학교에 참여하게 되었습니다. 장로님은 이미 다른 지역에서 아버지학교를 수료하시고, 군산에서 개척자로서 아버지학교를 섬기고 계셨습니다. 아버지학교 과정 중에서 아픈 부분까지 공개하며 서로의 삶을 나누던 시간, 장로님이 조용히 다가와 따뜻하게 안아주셨던 순간이 아직도 가슴에 남아 있습니다. 그 포근한 품 안에서 아버지의 사랑을 느꼈습니다.

장로님이 공개하신 '아내가 사랑스러운 이유'라는 글이 기억납니다. 신혼 시절 자전거에 아내 권사님을 태우고 데이트하던 아름다운 이야기를 들을 수 있었습니다. 그 이야기는 마치 한편의 동화처럼 마음에 따뜻하게 다가왔습니다.

그 후 군산에 예수전도단 BEDTS가 개설되었습니다. 6개월 동안 매주 금요일 저녁과 토요일 오후를 헌신해야 하는 쉽지 않은 과정이었지만, 묵상 모임을 통해 쌓인 장로님과의 신뢰를 바탕으로 참여를 결심했습니다. 장로님은 이미 다른 지역에서 BEDTS를 수료하시고, 군산 BEDTS 1기 간사로 섬기고 계셨습니다. 오랜 시간 신앙생활을 하면서도 경직되지 않고, 하나님을 향한 뜨거운 열정과 유연함을 균형 있게 갖고 계신 장로님을 보며, 저는 그리스도인의 자유함이 무엇인지 새롭게 배울 수 있었습니다. 장로님과 함께한 시간들은 저의 신앙 여정에 큰 기쁨과 새로움을 안겨주었습니다.

묵상 모임과 아버지학교를 통해 만난 가정들이 연합하여 국제협력선교회를 조직하고, 선교사님들을 후원하는 사역으로 성장했습니다. 선교사님을 직접 방문했을 때, 장로님이 이미 C국에 공장을 설립하여 선교사님 사역의 기반을 마련하고 계셨다는 사실을 알게 되었습니다.

장로님은 "눈을 들어 밭을 보라 희어져 추수하게 되었도다"(요 4:35b)라는 말씀을 삶으로 살아내신 분입니다. 척박한 밭에서도 추수의 기쁨을 먼저 보고 계셨습니다. "추수하는 주인에게 청하여 추수할 일꾼들을 보내 주소서"(마 9:38)라는 말씀처럼, 장로님은 직접 그 일꾼이 되셨습니다. 또한 오랜 사업 경험을 통해, 선교의 지속 가능성을 위해서는 사업적 균형이 필수임을 누구보다 깊이 인식하고 계셨습니다.

돌이켜 보면 장로님은 훌륭한 포수 같은 분입니다. 제구력이 부족한 투수가 던지는 공도 묵묵히 받아주며 끝까지 함께해 주는 든든한 분입니다. 수많은 만남의 시간을 통해 저의 신앙은 더욱 단단해졌고, 믿음의 중심을 잃지 않는 균형 잡힌 시각을 가질 수 있었습니다. 장로님과의 만남은 제 인생의 신앙 여정에서 분명한 전환점이었으며 크나큰 축복이었습니다. 하나님이 만나게 해주신 동역자를 통해, 저는 더 깊이 하나님을 신뢰하고 더 멀리 선교의 비전을 바라보게 되었습니다. 박양일 장로님을 만나 함께 믿음의 길을 걷도록 인도해 주신 하나님께 감사드립니다.

가정

아내: 은천길 65번지

아내는 분명 내가 사랑하는 사람이고 인생을 함께 걸어가는 동반자였다. 그러나 동시에 집안의 며느리고 아이들의 엄마였으며, 그래서 자기만의 시간을 누릴 수 없는 삶을 살아야 했다. 결혼 전, 누군가의 집에서 귀하게 대접받고 필요할 때는 낮잠도 자면서 자유롭게 지냈을 그 소녀는, 결혼 이후 존중받지 못하고 때로는 무시당하기도 하는 갑작스런 변화를 감내해야 했다. 자유도 존중도 그녀에게는 쉽게 허락되지 않았다.

집안 상황 때문에 어쩔 수 없었다고는 하지만, 나는 그런 아내가 늘 안쓰럽고 미안했다. 그래서 주말이 되면, 가슴이라도 조금 시원하게 트이도록 함께 드라이브를 나가곤 했다. 변산 인근이나 동상면 골짜기 등 공기 맑고 경치 좋은 곳을 찾아 함께 누비며 시간을 보냈다.

어느 날 우리는 수목원을 지나 골짜기 깊숙한 곳까지 들어갔다. 그곳에서 파란 잔디 위에 지어진 그림처럼 예쁜 집 한 채를 발견했다. 아내는 차에서 내려 한참이나 집 주변을 둘러보다가 조심스럽게 기도했다. "하나님, 제가 저 집을 사게 해주세요." 나는 그 기도를 들었지만 그냥 흘리고 지나쳤다. 하지만 아내는 곧바로 봉동에 사는 동서에게 전화를 걸어서, 혹시 집주인을 아는지 팔 생각이 있는지 알아봐 달라고 부탁했다. 돌아온 대답은 간단했다. "안 판대." 그렇게 우리는 그 집을 마음속에서 자연스럽게 내려놓았다.

1년쯤 흐른 어느 날, 우리는 다시 우연히 그 골짜기를 지나게 되었고, 아내는 여전히 그 집 앞에서 조용히 기도했다. 나는 그 모습을 바라보다가 웃으며 말했다. "동서한테 다시 한번 알아보라고 해요." 그날 저녁 동서에게서 전화가 왔다. 집주인은 이렇게 말했다고 했다. "내일까지 전액 현금으로 가져오면 팔겠다."

그 '내일'은 하필 주일이었다. 사실상 팔 생각이 없다는 뜻이었지만, 그는 실수를 했다. 우리는 이미 자금이 준비되어 있었고, 주일 아침 곧장 집주인을 찾아가 거래를 마쳤다. 결국 그는 자기 말에 묶여 우리에게 집을 넘기게 되었다. 그렇게 아내는 그토록 바라던 예쁜 집의 주인이 되었다.

지금도 아내는 이 집을 '하나님이 주신 선물'이라 부르며 기쁘게 자랑한다. 집을 사자마자 아내는 아이들, 선교사님들, 쉼이 필요한 목회자와 사역자들을 위해 하나님께 드리기로 마음먹었다. 해마다 철마다 꽃을 심고, 잔디를 다듬고, 손수 잡초를 뽑으며 이 집을 정성껏 가꿨다. 그 결과 이 집은 수많은 사역자에게 쉼을 주는 공간이 되었다. 지친 몸과 마음을 회복하는 은혜의 장소, 작지만 소중한 '천국의 쉼터'가 되었다.

은천길 65번지

은천길 65번지
굽은 길 따라 돌아 오르면
그림 같은 집 하나가 단정히 앉아 있다

축령골 숨어 흐르는
골짜기 안 작은 궁전
아내가 기도하며 바라던
하얀 집 그 집이다
꽃들이 다투어 피는 넓은 꽃밭
해질녘 잔디 마당엔
산까치들 반상회가 소란스럽다

맑은 물 흐르는 골짜기엔
깔깔거리며 물장난하는 아이들 웃음소리가 실려오고
느티나무 잎새들은 반짝이며
긴 꼬리 은빛 비행기를 따라 출렁인다

여름이 머물다 간 자리
고추잠자리가 마당 볕을 즐긴다.
오색 단풍이 화려한 옷을 갈아입으면
서리 내린 마당 구석
감 따던 노인은 망태를 둘러메고 돌아선다

은천길 65번지, 눈이 내리면
마당에도 꽃밭에도 테라스 위에도
인적 없는 하얀 평화가 내려앉는다
동화 속 깊은 산촌 작은 궁전
소복소복 고요한 추억이 내려앉는다

자녀: 늙은이의 교만과 회개

나는 22년 동안 장로로 시무하다가 정년을 맞아 은퇴하게 되었다. 그 무렵 내 인생에서 가장 가슴 아픈 실수를 저지르고 말았다. 아들은 내가 평생 경영해 온 회사를 탐탁지 않게 여기는 듯했다. 독립하고 싶어 하는 마음이 자주 느껴졌고, 나는 그 마음을 어렴풋이 이해할 수 있었다. 아마도 좀 더 크고 체계적인 회사를 경영해 보고 싶은 마음이 있었던 것 같다.

내가 물려받아 운영해 온 이 회사는 해방되던 해에 아버지가 창업하신 것이다. 어린 시절, 나는 이 사업이 마냥 싫었다. '수익성도 없고, 고생만 많은 일을 아버지는 왜 시작하셨을까?' 원망 섞인 생각을 했던 기억이 지금도 선명하다.

  우리 회사는 가난한 농민들을 위한 소박한 사업처였다. 장날이면 장바닥 한쪽에 앉아 무심한 손님들의 눈길을 받아야 했고, 농협 납품 계약을 따내면 까다로운 검사를 견뎌야 했으며, 군납을 맡으면 수금 과정에서 관계자들을 만나 가슴 졸이는 날들이 이어졌다. 정말이지 힘들고 하기 싫은 일이었다. 그래서 나 역시 한때는 불평과 원망 속에서 이 일을 이어갔다. 그러니 아들이 이 사업을 마다한 것은 어쩌면 당연했다.

그 무렵 군산 산업단지는 호황을 맞았고 회사 일을 도와주겠다는 사람들도 있었다. 나 역시 아들에게 더 나은 기회를 주고 싶었다. 그런 마음에 무턱대고 아들에게 새로운 사업을 맡기기로 결심했다. 그러나 그것은 큰 착오였다. 아들은 아무런 경험도 준비도 없는 상황에서 호기만 앞섰고, 경기는 하강 국면으로 접어들었으며, 도움을 주겠다던 이들은 하나둘 발을 빼기 시작했다.

결국 우리 부자는 오래가지 않아 그 회사를 정리해야 했다. 나는 평생 신의를 생명처럼 여기며 살아왔기에, 빚을 남기지 않기 위해 전력을 다해 갚았다. 남에게 피해를 주거나 원망을 듣지 않고 마무리할 수 있었던 것은 전적으로 하나님의 은혜였다. 그러나 마음의 상처는 깊었다. 모든 일을 정리하고 집으로 돌아오는 길, 나는 우리 집이 몇 동 몇 호인지조차 기억나지 않았다. 머릿속이 하얗게 비어버린 채 무거운 발걸음으로 겨우 집에 돌아왔다. 그만큼 큰 충격이었다.

지금도 아들은 그때의 상처에서 온전히 회복되지 못했다. 위축되고 움츠러든 아들의 모습을 바라보는 것은 부모로서 견디기 힘든 아픔이다. 우리는 여전히 미안함과 안타까움 속에서 그 시간을 떠올린다. 사실 이 일이 일어나기 전, 하나님은 나에게 여러 번 경고하셨다. 그러나 나는 기도하지 않고 하나님의 인도를 구하지도 않은 채, 내 소견에 옳은 대로 행하고 말았다.

이 실패를 통해 나는 깊이 깨달았다. 늙은이의 교만, 경험이라는 이름의 자만심이 얼마나 무서운지를. 그리고 다시 무릎 꿇었다. 이제 남은 삶은 반드시 하나님의 인도를 따라가겠다고. 숨 쉬는 것처럼 자연스럽게 하나님을 의지하며 살아가겠다고. 지금도 나는 아내와 함께 무릎 꿇고 기도한다. 실의에 빠진 아들에게 하나님의 치유와 인도가 임하기를. 하나님이 그의 인생 가운데 새로운 길을 여시기를.

나는 하나님이 자녀들을 맡기며 품게 하셨던 비전을 지금까지 간직하고 있다. 야곱이 노년에 자녀와 손주들을 축복하며 기도했던 것처럼, 나 역시 자녀와 손주들을 통해 일하실 하나님을 기대하며 기도하고 있다. 하나님은 자녀를 통해 가족 공동체의 소중함을 깊이 깨닫게 하셨고, 자녀 양육이 단지 성장의 과정이 아니라 하나님 나라를 위해 사람을 세워가는 여정임을 알게 하셨다.

   지금은 사역자의 길을 걷고 있는 자녀도 있고, 세상 속 자신의 자리에서 부르심에 따라 살아가는 자녀도 있다. 어떤 자녀는 믿음의 산을 향해 나아가고 있고, 또 어떤 자녀는 광야 같은 시간을 지나며 하나님의 인도를 따라 걸어가고 있다. 그들의 걸음걸음을 부모의 눈으로 다 알 수는 없지만, 하나님이 친히 주관하고 계심을 나는 믿는다.

아이들이 태어나기 전부터 그들을 위해 기도했고, 그 기도는 지금까지 계속되고 있다. 나는 확신한다. 자녀들이 언젠가 하나님의 계획을 온전히 이해하고, 그 뜻 안에서 자신의 길을 발견할 날이 오리라는 것을.

내 삶을 신실하게 인도하신 하나님이, 자녀들의 삶도 넉넉한 은혜로 인도해 주실 것을 믿는다. 그래서 오늘도 그리고 내일도, 나는 하나님 앞에 무릎 꿇고 기도한다. 자녀들이 하나님의 꿈을 이루는 삶을 살아가기를. 그 걸음마다 하나님의 신실하심이 충만히 임하기를.

하나님, 또 한번 제 허물을 참아주셔서 감사합니다
숨 쉬듯 자연스럽게 하나님을 의지하는 삶을 살게 하소서
우리의 방패요 도움이신 주님만을 온전히 신뢰하게 하소서
복은 하나님이 주시는 것이며
그 복을 준비된 그릇에 부어주신다는 진리를 마음 깊이 새기게 하소서
순종을 사랑하게 하시고
순종이 익숙해져 불순종이 어려운 인생이 되게 하소서
하나님의 뜻이 있는 곳이 가장 안전한 자리였음을
이제는 온몸으로 고백하게 하소서
예수님 이름으로 기도합니다 아멘

셋째 딸의 고백

우리 네 남매는 아주 어릴 때부터 결혼에 대한 환상을 갖고 있었죠. 모든 남편이 우리 아빠 같고, 모든 아빠가 우리 아빠 같을 테니까요.

가정에서 넘치도록 사랑을 주던 우리 아빠는, 하나님께 넘치는 사랑을 받는 기쁨의 자녀셨네요! 아빠의 글을 통해 하나님과 동행하는 아빠의 삶을 다시 보면서, 어린 시절 한 순간이 떠올랐어요. 아빠가 우리 손을 꼭 잡고 힘차게 달리시면, 우리는 아빠 손에 붙들려 몸이 붕 떠서 아빠의 속도로 날았던 그 짜릿하고 행복했던 순간이요.

아빠도 하나님 손 붙들고 가면서 그런 행복한 기분으로 사역하셨을까요?

아빠!

우리도 하나님과 손잡고 살아가는 아빠의 삶을 동경하며, 순간순간 하나님의 인도를 구하며 살게요!

아빠가 하나님과 이루신 것들을 우리도 함께 이루어 갈게요!

하나님 나라가 이곳에 세워지고 하나님의 뜻이 이루어지는 데 우리가 도구로 쓰이도록, 아빠처럼 늘 기도하며 살게요!

사랑하고 존경합니다. 아빠!

셋째 딸 박수진 집사 드림

국제협력선교회

아버지학교에서 오랫동안 가정 회복을 위해 봉사한 김영복, 윤인식, 박인규, 정영주, 김익태 등 다섯 가정과, 그동안 묵상 나눔을 함께 해온 채이석, 박희석, 신명철, 이현규, 박양일 등 다섯 가정이 매월 모여 친교의 시간을 가지기 시작했다.

처음에는 단순한 교제 모임이었지만, 늘 마음속에 품고 있던 열방을 향한 하나님의 긍휼을 나누면서 자연스럽게 '우리 모임을 열방을 섬기는 공동체로 발전시켜 보자'는 뜻이 모아졌다. 그렇게 시작된 공동체가 바로 '국제협력선교회'(이하 국협)였다(참고로, 박인규 형제는 한때 인천으로 이사하며 이탈했으나 다시 동참했고, 정영주 형제는 중간에 완전히 이탈하여 김익태 형제가 새롭게 함께했다).

국협은 처음부터 선교사님들과 교류하며, 그들의 사역을 지원하자는 분명한 목적을 가지고 출발했다. 처음 지원을 시작한 사역은, 내가 소개했던 중국의 왕평 선교사님 내외와의 소통이었다.

'국제협력선교회'라는 이름도 왕평 선교사님이 먼저 제안하셨고, 회원 모두 기쁜 마음으로 찬성하여 사용하게 되었다. 국협은 국내외 선교 사역을 위해 회원들이 자발적으로 재정을 모으고, 그것으로 선교사님들과 사역을 후원했다.

어느 날 왕평 선교사님 내외가 직접 국협을 방문해 주셨다. 우리는 그분들의 감사 인사를 듣고, 중국 현지의 사역 이야기를 나누는 귀한 시간을 가졌다. 그런데 이야기 도중 선교사님의 사모님이 감사 인사를 전하며 '국협이 왕평 선교사님만을 돕기 위해 만들어진 단체인 것처럼' 말씀하셨다. 순간 모두가 놀라고 당황했다.

그런 의도로 출발한 공동체가 아니었기에, 어떻게 오해가 생겼는지 의아했다. 심지어 회원들 사이에서는 '혹시 박양일 형제가 그렇게 설명했나?' 하는 의구심이 생기기도 했다. 당시 나는 옆방에서 다른 손님을 접대하느라 자리에 없었고, 뒤늦게 상황을 전해 듣고서야 일의 자초지종을 알게 되었다. 우리 쪽에서 미리 세심하게 설명하지 못한 잘못도 분명 있었다. 하지만 그 자리에서 곧바로 설명 드리기에는 상황이 민망하고 조심스러웠다.

오해를 풀기 위해 최선을 다했지만, 서로의 마음 한쪽에는 어쩔 수 없는 민망함이 남았다. 하지만 그런 일이 있어도, 우리는 왕평 선교사님의 요청대로 중국 이동 신학교에 필요한 강사와 여비를 지원하면서 협력 관계를 이어갔다. 이후 국협의 사역은 더욱 넓어졌다. 선교 현장의 실제적인 필요에 응답하고, 그 부르심에 손과 발이 되어 적극적으로 섬기려는 마음으로 여러 사역들을 펼쳤다.

왕평 선교사님의 요청을 받은 국협은, 문서선교 사역에 필요한 복사기 등 다양한 장비와 자료들을 현지로 보내며 지원했다. 뿐만 아니라 복음 전파를 위한 전도용 소책자 2만 부를 현지에서 직접 인쇄하여 배포할 수 있도록 자금을 마련해 후원하기도 했다. 이는 단순한 물질적 지원을 넘어, 현지 교회와 사역자들이 자립하여 복음을 나눌 수 있도록 하는 전략적 협력의 일환이었다.

중국 지하교회의 사역자 부족 문제에도 국협은 귀를 기울였다. 장단기 사역자들을 파송하여 내몽골 지역을 비롯한 중국 중북부 지역에서 사역할 수 있도록 도왔다. 그 가운데에는 양○○ 간사, 강○○ 목사, 전○○ 목사, 최○○ 권사 등 여러 동역자가 있었고, 이들은 현지에서 신실하게 복음을 전하며 교회를 세웠다.

또한 김익태 회원의 제안으로, 국협은 미얀마에서 사역 중이던 이○○ 선교사를 도와 유치원과 교회를 건립하는 사역을 지원했다. 교육과 예배라는 두 축을 통해 지역 사회에 복음의 기초를 놓는 중요한 일이었다.

국협의 구성원들은 동아시아신학원(EATS: East Asia Theological

Seminary)을 통해 중국 유학생들을 사역자로 양성하는 일에 지속적으로 힘을 보탰다. 아울러 우리 지역에 소재한 예수전도단 지부를 후원하며, 지부 예배실에서 자체적으로 미니 DTS를 개설하여 영성 훈련에 힘쓰는 등 스스로를 훈련하고 성장시키는 일도 소홀히 하지 않았다.

국협의 모든 사역은 단편적 활동을 넘어, 시대적 부르심 앞에 순종하며 하나님 나라를 이 땅 가운데 실현하려는 공동체적 응답이었다. 선교는 몇 사람의 일시적인 열정이 아니라, 함께 짐을 나누고 끝까지 동행하는 신실한 삶의 여정임을 국협은 그 발걸음으로 증명했다.

4부
선교의 여정

구한말, 우리 민족은 수많은 선교사의 희생과 헌신 그리고 선각자들의 눈물 어린 기도에 힘입어 하나님의 은혜를 풍성히 받았다. 말로 다할 수 없는 사랑의 빚을 그분들에게 진 것이다. 오늘날 우리가 오랜 가난을 벗고 세계가 부러워할 만큼 번영을 누리게 된 것도, 결국 그들의 사랑과 헌신을 통한 하나님의 축복 덕분임을 부인할 수 없다.

우리가 지금 누리고 있는 이 풍요 속에 안주할 수 없는 이유가 여기에 있다. 이제는 받은 은혜의 빚을 갚아야 할 때이다. 열방의 오지마다, 복음이 아직 뿌리 내리지 못한 땅마다, 빚진 자의 마음으로 선교의 삶을 부지런히 들어야 할 사명이 우리에게 주어졌다. 이것이 바로 하나님이 우리 민족에게 부여하신 거룩한 소명이라 믿는다.

하나님은 내 삶에도 한없는 은혜와 부요함을 부어주셨다. 그리고 그 은혜를 나만을 위해 누리게 하지 않으셨다. 믿음의 교제를 넓히고, 사랑으로 섬기며, 많은 이에게 축복의 통로가 되어 살라는 비전을 주셨다. 나는 그 비전을 이루는 가장 효과적인 길이 선교의 현장에 있다고 믿었다. 말로만 하는 신앙이 아니라 두 발로 직접 가서, 손으로 섬기고, 가슴으로 품어야 할 소명이 선교 현장에 있다는 확신이 들었다. 그렇게 나의 선교 여정이 시작되었다. 그리고 그 여정은 지금도 여전히 하나님이 주신 사랑의 빚을 갚아가는 길 위에서 계속되고 있다.

중국: 비즈니스 선교 (왕평 선교사님과 함께)

1990년대 이후, 내 신앙생활은 눈에 띄는 변화와 성장을 경험했다. 그 시기는 단순한 외적인 봉사나 의무에서 벗어나, 신앙의 본질을 새롭게 바라보게 된 전환점이었다. 그리고 그 여정 가운데 나는 처음으로 해외 선교지에 발을 내딛게 되었다. 1993년, 군산중앙교회에서 1988년에 필리핀으로 파송한 송평구 선교사님을 방문한 것이 그 시작이었다.

그전까지 나에게 선교는 늘 다른 누군가의 사역, 혹은 멀리서 기도로만 참여하는 일로 여겨졌다. 그러나 선교 현장을 직접 방문하고, 그 땅에서 복음을 붙들고 살아가는 선교사님의 삶을 눈으로 마주했을 때, 내 안의 신앙은 새로운 차원으로 확장되기 시작했다. 말로만 듣던 선교가 현실이 되었고, 가슴으로 느끼는 거룩한 부담이 되었다. 그 만남은 내게 '선교'라는 단어가 단순한 개념이 아닌 '삶의 방향'으로 다가오게 한 귀한 계기였다.

비슷한 시기에, 우리 교회의 부목사님이던 이중환 목사님의 소개로 중국에서 사역 중인 왕평 선교사님을 알게 되었다. 왕 선교사님과의 만남은 내게 또 다른 도전이 되었고, 중국이라는 땅이 갖고 있는 복음에 대한 갈급함과 영적 긴장감 그리고 선교지의 현실적인 어려움들을 조금씩 체감하는 시간이 되었다.

이후 나는 왕 선교사님의 사역을 실질적으로 돕기 위해 중국 북경에 우리 회사의 현지 법인을 설립했다. 선교사님을 지사장으로 임명함으로써, 체류를 위한 비자 문제를 해결하고, 보다 자유롭고 안정적인 사역의 기반을 마련해 드릴 수 있었다. 하나님은 그 시점에 내게 현지에서 별도의 사업을 운영해야겠다는 마음을 주셨지만, 선교사님의 요청에 따라 사업보다 먼저 거처를 준비하기로 했다. 나는 아파트 한 채를 분양받아 선교사님 가정이 게스트하우스로 사용하시도록 제공했고, 이후 그 공간은 선교사님들 사이에서 귀한 안식처가 되었다.

문서 선교를 위한 책자 인쇄도 지원했다. 선교사님은 복음을 담은 책자 2만 권을 인쇄하고자 하셨고, 나는 제작비 전체를 기쁘게 감당했다. 작은 책자 한권이 누군가의 인생을 바꿀 수 있다는 믿음이 내 안에 있었다.

이후 나는 북한에서 탈출해 중국에 머물고 있던 어린 남매에 대한 이야기를 들었다. 그리고는 흑룡강성 시골 마을의 조선족 집사님을 설득해, 탈진한 상태로 방황하던 그 남매를 입양해 주시도록 부탁드렸다. 그 아이들이 불법 체류자가 아닌, 이름이 불릴 수 있는 '합법적 존재'가 되도록 입적과 관련한 행정 절차에 필요한 부분들을 아낌없이 지원했다. 한 명의 아이를 정식으로 등록하는 데에는 약 3백만 원의 비용이 들었고, 그들을 위해 기꺼이 그 길을 감당할 수 있었던 것은 전적으로 하나님의 은혜였다.

오랜 시간이 흐른 후, 그 남매가 선교사님을 통해 흐릿한 연필 글씨로 써 내려간 손편지를 보내왔다. 짧은 글 속에는 설명할 수 없는 감동이 담겨 있었고, 나는 그 편지를 통해 '내가 도운 것'이 아니라, 하나님께서 나를 통해 그분의 사랑을 전하신 것임을 깊이 깨달았다.

나는 왕 선교사님이 양육하신 제자들 중 일부가 우리 회사에서 연수를 받을 수 있도록 했고, 이들 중 몇몇은 한국에서 신학교를 다닌 후 다시 현지로 돌아가 사역자의 길을 걷게 되었다. 이 모든 과정 속에서 재정뿐 아니라 삶으로 동역하며 선교사님들의 필요를 기꺼이 돕고자 최선을 다했다. 사업이라는 도구가 선교를 위한 통로가 될 수 있음에 감사했다.

그러던 중 왕 선교사님은 북경에서의 사역에 제한이 생기면서 사역지를 산둥성으로 옮기게 되었다. 선교사님은 이것이 하나님의 새로운 인도임을 확신하며, 중국 복음화를 위한 '새로운 베이스캠프'를 세우자고 제안하셨다. 공산권 국가에서 합법적인 선교사 비자를 얻는 것이 어려웠기에, 기업 형태를 통한 신분 확보가 필수적이었다. 그리하여 나는 새서울교회의 한 집사님과 함께 각각 1억 원씩 투자해 청도 인근에 '로이방직 유한회사'를 설립했다.

이후에 추가로 1억 원씩 더 출자하며 공장을 완공했고, 공장 한쪽에는 농장을 조성해서 제자훈련을 받는 이들이 함께 지내며 훈련받을 수 있도록 했다. 선교 기업과 농장을 통한 사역은 점차 확장되는 듯 보였다. 하지만 얼마 후에 한국에서 파견한 관리자의 잘못된 결정과 인사 문제로 인해 현지 직원들과의 갈등이 심화되었고, 결국 회사 운영은 큰 위기를 맞았다. 결국 로이방직은 문을 닫을 수밖에 없었고, 함께 조성한 농장도 공산당의 감시에 노출되어 정리해야 했다.

돌아보면 중국 선교의 여정 가운데 가장 어려웠던 시기는 바로 그때였다. 왕 선교사님과 함께 꿈꾸며 준비했던 사역, 오랜 시간과 재정, 열정을 쏟아 부었던 프로젝트가 열매 없이 중단되어야 했던 그 순간, 깊은 낙심이 몰려왔다. 공장이 닫힌 뒤 사업이 어떻게 정리되었는지조차 알 수 없었다. 함께 선교를 꿈꾸었던 새서울교회 집사님도 낙심 끝에 돌아섰고, 선교사님들도 공산당의 감시로 인해 전면에 나설 수 없었다. 현지 상황을 확인하거나 문제를 직접 처리할 방법도 없었다. 그저 들려오는 소식을 붙잡고, 믿음으로 기도하며 기다리는 것 외에는 할 수 있는 게 아무것도 없었다.

그 시간들을 지나며 나는 깊이 깨달았다. 선교는 결코 즉각적인 보상이나 결과를 바라는 일이 아니라는 것을. 보이지 않는 열매를 향해 물을 주고, 기다리고, 믿음으로 나아가는 인내의 여정이라는 사실을. 그러나 모든 일이 실망으로 채워진 것만은 아니다. 중국을 방문할 때마다 마주한 현지 성도들의 헌신과 기도, 그들이 전해준 간증은 오히려 내 마음을 깨웠고, 내 신앙을 더 깊고 뜨겁게 만들어 주었다. 나는 그들에게 복음을 전하러 갔다고 생각했지만, 돌아보면 그들을 통해 오히려 내가 복음의 본질을 배웠다.

현지 사역자들과 함께 기도하는 시간 속에서, 하나님은 내가 방언의 신비를 경험하게 하셨다. 이 체험은 선교를 단지 돕는 사역이 아니라 직접 동행하고 체험하는 영적인 여정으로 바라보게 만든 결정적인 계기가 되었다. 기도 가운데 부어진 하나님의 임재는 말로 설명할 수 없는 감격이었고, 내가 드리는 헌신이 하나님의 뜻과 연결되어 있다는 확신을 더욱 굳게 해주었다.

내가 중국 현지에 세운 회사는 심양 인근 료양현에 있었다. '금학'(金鶴)이라는 이름의 이 회사에서 작은 예배 모임이 조용히 시작되었다. 처음에는 직원 5-6명이 모여 예배 드렸는데, 시간이 지나면서 주변 마을 사람들도 하나둘 참여하기 시작하더니 어느덧 10여 명이 함께하는 작은 공동체로 성장했다.

우리는 왕평 선교사님이 훈련하신 현지 사역자를 초청해서 회사 안에 '금학교회'를 정식으로 세웠다. 이 조용하고도 의미 있는 시작은, 내게 있어 선교 여정의 참된 출발점이었다. 그때 나는 처음으로 하나님 아버지가 선교지를 향해 품고 계신 뜨거운 마음을 조금씩 알아가게 되었다. 그리고 그 마음을 알게 된 순간, 하나님의 열심을 품고 어떤 일이든 기쁘게 감당하고 싶어졌다.

누군가의 뒤에서 조용히 밀어주는 헌신, 선교사의 필요를 채우는 일이 곧 나에게 맡겨진 사명이라는 마음이 내 안에 깊이 자리 잡았다. 그 필요가 재정이든, 체류 기반이든 혹은 단순한 일상의 지원이든, 조건도 계산도 없이 기꺼이 돕고 싶었다. 그것이 바로 하나님이 내게 맡기신 선교의 방식이었고, 내가 감당할 수 있는 복음의 통로였다.

그러나 공산주의 체제 아래 있는 중국에서의 선교는 결코 쉽지 않았다. 직접 가서 모든 것을 확인하거나 자유롭게 활동할 수 없었고, 사역의 열매를 수치로 파악하거나 보고할 수도 없었다. 신분을 감추고 조심스럽게 일해야 하는 상황에서 우리는 많이 어설

프고 부족했지만, 그럼에도 하나님의 뜻을 좇는 마음 하나로 최선을 다해 그 길을 걸어갔다.

돌아보면 그 시절은, 사람의 눈에는 미미하고 연약해 보일 수 있지만 영적으로는 가장 깊고 단단한 뿌리가 내려진 때였다. 기도하며 흘린 눈물, 믿음으로 심은 복음의 씨앗, 드러나지 않은 헌신의 흔적들…. 그 모든 것이 지금도 중국 곳곳에서 자라나고 있으리라 믿는다.

지금 이 순간에도, 그 땅의 성도들이 하나님과 동행하며, 위험을 무릅쓰고 복음의 빛을 비추며 살아가고 있을 것이다. 이 믿음은 나를 다시 무릎 꿇게 하고, 눈물로 기도하게 하며, 감사로 헌신하게 만드는 힘이 된다.

박양일 장로님과 함께한 중국 선교의 여정: 왕평 선교사

30년이 넘는 시간을 돌아보면 하나님의 인도와 은혜를 고백하게 됩니다. 이 모든 여정 속에서 박양일 장로님과 함께할 수 있었던 것은 저희 부부에게 큰 축복이었습니다.

저희 부부는 하나님의 부르심을 따라 중국 선교사로 헌신했습니다. 국내와 대만에서 몇 년간 선교 훈련을 받은 후, 1991년 6월 교단 선교부를 통해 중국으로 파송되었습니다. 중국어를 배우며 본격적으로 제자 삼는 사역을 시작했을 때, 하나님이 처음 연결해 주신 이들은 칭화대학교에 재학 중인 한 부부였습니다. 함께 성경공부를 시작하면서, 그들에게 적합한 성경 교재를 직접 제작하기 시작했습니다.

두 명으로 시작한 모임은 시간이 흐를수록 성장하여 20명 이상의 학생이 모이게 되었고, 자연스럽게 교회를 개척하는 열매를 맺었습니다. 학생들은 방학이 되면 고향으로 돌아가 복음을 전하고 제자훈련을 진행했는데, 이로 인해 각 지방 교회에 놀라운 영적 부흥이 일어났습니다. 명문 대학교 학생들이 예수님을 믿고 복음을 전파하며 성경을 가르치는 모습은 지방 교회 지도자들에게 큰 충격과 감동을 주었습니다.

당시 학생들은 저를 '북경의 왕 선생님'(사역자명 왕평)으로 소개했고, 지방 교회 지도자들은 무려 30시간 가까이 기차를 타고 북경으로 올라와 시골의 젊은이들을 가르쳐 달라고 요청했습니다. 저는 한 기수에 20-30명의 젊은이를 받아 낮에는 지방 청년들을, 저녁에는 북경 대학생들을 가르쳤습니다.

이 즈음 박양일 장로님을 북경에서 처음 만났습니다. 이중환 목사님과 함께 찾아오신 장로님은 따뜻하고 포근한 인상을 지닌 분이었습니다. 하나님은 이 만남을 통해 놀라운 일들을 준비하셨습니다. 이중환 목사님 또한 그 시간 이후, 친구가 중국에서 위험을 감수하며 헌신하는 모습에 감동을 받아 선교사로 헌신하셨습니다.

박 장로님은 말뿐 아니라 행동으로도 저희의 선교 사역에 큰 힘이 되어주셨습니다. "선교사님이 생각하시기에 제게 맡기고 싶은 일이 있다면 언제든지 말씀해 주십시오"라는 말씀은 선교 현장에서 큰 위로와 힘이 되었습니다. 이후 지금까지도 그러한 말씀을 해주신 분은 없기 때문입니다. 특별히 박 장로님은 북경에서 저희 가족에게 필요한 주거지와 사역지 지원을 통해 이동 신학교 사역의 기초를 마련해 주셨습니다. 당시 중국 정부는 외국인 선교사의 선교 활동을 법으로 금하고 있었기 때문에 비즈니스 형태로 신분과 비자를 유지해야 했는데, 이른바 BAM(Business as Mission) 사역을 통해 합법적으로 사업을 운영하며 동시에 복음을 전할 수 있게 된 것입니다. BAM은 단순한 비즈니스 수단을 넘어, 이윤 자체를 선교의 일환으로 보기 때문에 매우 철저하게 사업을 운영해야 했습니다.

이후 공안국의 감시로 인해 북경에서의 사역을 산둥성 칭다오로 옮기게 되었습니다. 칭다오에서는 니트 공장과 차 농장을 운영하며 신학교 사역을 이어갔습니다. 제자훈련 교재를 10권에 걸쳐 제작하여 학생들에게 가르쳤고, 그 학생들이 목회하는 교회들은 80퍼센트 이상 성장하는 열매를 거두었습니다. 저희 신학교는 여러 성에 설립되어 신학생들을 양성했고, 이 사역은 박 장로님의 지속적인 지원 덕분에 가능했습니다.

그러나 아쉬운 점도 있었습니다. 제가 인사권을 가지지 못해서 한국인 집사가 비양심적인 행위를 일삼았음에도 조치를 취하지 못하는 일이 생겼고, 이로 인해 니트 공장 사업은 실패라는 아픈 결말을 맺었습니다.

또한 공안국과 종교국의 급습으로 신학교가 조사를 받으며, 저 또한 조사를 받는 위기에 처하기도 했습니다. 당시 저는 '대어'(大魚)로 불릴 정도로 영향력 있는 인물로 인식되어, 4개월 동안 여권을 압수당한 채 공안국에 소환되어 조사를 받아야 했습니다. 그러나 감사하게도, 합법적인 비즈니스 운영 덕분에 쉽게 추방되지 않았고, 오히려 저를 조사하던 국가안전국 직원에게 복음을 전하는 기회를 얻기도 했습니다. 계속된 감시와 통제 속에서도, 저희 팀은 포기하지 않고 복음 전파를 이어갔고, 현재까지 천 명 이상의 단기, 장기 신학생을 배출했습니다.

최근 주님의 감동에 따라 24시간 릴레이 기도를 시작했습니다. 40여 명의 동역자가 함께하며, 주님 다시 오시는 그날까지 혹은 우리가 천국에 가는 날까지 쉬지 않고 기도할 것을 다짐하고 있습니다. 또한 GBC 웹사이트(www.gbc.ac)를 통해 누구나 자유롭게 복음 전도용 소책자, 성경공부 교재, 제자훈련 자료, 설교집 등을 다운로드 받을 수 있도록 하는 등 복음 전파에 힘쓰고 있습니다.

앞으로 중국 682개 도시마다 GBC 전과반(Certificates)을 세워, 교회 성장을 촉진하는 데 선한 영향력을 끼치고자 합니다. 또한 제주도에 중국 디아스포라(Diaspora) 선교센터를 세워, 전 세계의 화교 교회와 연합하여 사역할 비전을 품고 있습니다.

이 모든 여정 가운데 함께해 주신 하나님과, 든든한 동역자 박양일 장로님께 다시 한번 깊은 감사를 드립니다.

인도1: 교회개척 사역 (김봉태 선교사님과 함께)

중국 선교의 현장에서 작은 교두보 역할을 감당하던 회사는, 급격한 시장 변화 앞에서 점차 경쟁력을 잃어갔다. 처음에는 어떻게든 버텨보려 했지만, 현실은 냉혹했고 결국 아쉬움을 안은 채 중국에서 철수할 수밖에 없었다. 그와 함께 내 안에 타오르던 선교에 대한 열정도 서서히 수면 아래로 가라앉기 시작했다. 한때 그렇게 뜨겁게 헌신하며 걸어갔던 선교지에서의 사역, 수많은 감격과 눈물의 순간들이 조금씩 아련한 추억으로 변해가고 있었다.

그러나 하나님은 언제나 그러셨듯, 내가 한걸음 물러선 그 자리에서 새로운 부르심을 준비하고 계셨다. 선교에 대한 마음이 잠잠해져 가던 어느 날, 우리 교회에서 사역하시던 김양태 목사님을 통해 뜻밖의 이야기를 듣게 되었다. 목사님의 형인 김봉태 선교사님에 대한 소식이었다. 김봉태 선교사님은 육군 대위로 전역한 후, 하나님의 부르심에 순종하여 필리핀 마닐라에서 신학을 공부하고 계셨다. 마침 나는 필리핀에서 사역 중인 송평구 선교사님의 초청으로 마닐라를 방문할 계획이 있었고, 김양태 목사님은 형님의 근황을 확인해 달라고 부탁하셨다.

약속한 시간이 되자, 깍두기 머리의 씩씩한 청년이 다가와 경례를 하며 "목사님, 안녕하십니까?" 하고 인사했다. 그 순간 나는 웃음을 터뜨릴 수밖에 없었다. "목사님은 제 옆에 계신 분이고, 저는 박 집사입니다." 서먹할 수도 있었던 첫 만남은 그렇게 소소한 웃음으로 시작되었고, 우리는 자연스럽게 대화하면서 신앙과 사역에 대한 마음을 나누었다.

마닐라에서 돌아온 후, 김양태 목사님은 내게 한 이야기를 전해 주셨다. 당시 여윳돈이 없어서 백 달러밖에 드리지 못해 미안했던 마음과는 달리, 김봉태 선교사님은 그 돈을 받으며 한참을 우셨다고 했다. 후원자 하나 없이 오직 하나님의 부르심에만 의지해 살아가던 한 사람의 순전한 믿음과 눈물은 내 마음을 깊이 울렸다.

이후 김봉태 선교사님은 인도로 사역지를 옮겨 복음을 전하셨다. 어떤 후원도 없이, 현지 가난한 사역자의 집에 머물며 매일같이 믿음으로 하루하루를 감당해 가셨다. 동생 목사님께 여쭤보니 "형님은 성격이 대꼬챙이 같아서, 웬만한 어려움은 그냥 뚫고 나가십니다"라며 웃으셨다.

나는 그분이 어느 교단에서 파송된 분인지도 모른 채, 그저 하나님이 인도하신 분이라는 믿음 하나로 사역을 돕기 시작했다. 당시 선교사님은 교회 건축 사역에 집중하고 있었는데, 고정적인 후원처가 없기에 늘 크고 작은 어려움을 겪으셨다. 하지만 하나님은 시간이 흐르면서 조금씩 후원 교회들을 붙여주셨고, 돕는 손길도 하나 둘 늘어가며 사역은 점차 자리를 잡아갔다.

군산중앙교회는 김봉태 선교사님을 통해 인도 푸네 지역에 '텔루구중앙교회'를 건축했고, 우리 가정도 별도로 '겟세마네교회' 건축을 위해 헌금으로 동참했다. 처음에는 5백만 원에서 1천만 원 정도면 충분할 줄 알았지만, 실제 건축에는 4천만 원 이상이 들었다. 그 결과 2층짜리 견고한 건물이 지어졌고, 1층에는 유치원과 침례용 물탱크가, 2층에는 넓고 밝은 예배당이 마련되었다.

우리는 단순히 교회 건축으로 그치지 않고, 현지 담임목사님의 사례비까지 지원하며 겟세마네교회가 안정적으로 뿌리내릴 수 있도록 지속적인 동역을 약속했다. 이후 나는 여러 차례 인도를 다시 방문할 기회를 얻었다. 군산상공회의소 회장으로 봉사하던 시절, 푸네에 있는 타타대우자동차 본사를 방문하며, 김봉태 선교사님과 함께 겟세마네교회를 다시 찾았다. 마침 선교사님은 한국 교민회 회장으로도 섬기고 계셨기에 일정 조율에도 큰 어려움이 없었다.

그곳에서 함께 드린 주일 예배는 지금도 잊히지 않는 은혜의 기억으로 남아 있다. 조광성 목사님과 함께 헌당 예배에 참석했던 순간, 또 2015년에 홍건표 담임목사님을 모시고 성도들과 함께 방문하여 교회당을 둘러보고 찬양과 말씀 가운데 감사의 시간을 누렸던 그날, 모든 순간이 하나님의 은혜로 깊이 새겨졌다. 비록 처음 기대했던 유치원 사역은 아직 본격적으로 시작되지 못했지만, 세워진 교회가 여전히 아름답고 은혜롭게 운영되고 있다는 사실만으로도 마음 깊은 곳에서 감사가 흘러나왔다.

나는 선교 사역을 통해 중요한 진리를 배웠다. 선교는 눈에 보이는 열매로만 판단할 수 없는 일이라는 것을. 그 뒤에는 이름도 없이 빛도 없이 채워지는 수많은 선교사들의 눈물과 헌신이 있었고, 그분들의 사역이 있었기에 지금의 열매가 존재하는 것이다. 그래서 후원과 기도는 한 번으로 끝나는 일이 아니라 반드시 지속되어야 할 사명이다. 나는 모든 현지 사역자들을 깊이 알지는 못했지만, 선교사님들과 함께 복음을 위해 일하는 현지 사역자들이 하나님 나라를 세워가는 소중한 동역자임을 절실히 느꼈다. 그들의 필요를 더 세밀히 채우지 못했던 아쉬움은 여전히 내 마음 한편에 남아 있다. 하지만 그 미안함조차 하나님 앞에 기도로 올려드리며, 남은 걸음을 통해 더 깊이 참여하기를 소망하고 있다.

지금도 나는 믿는다. 그 땅에 심긴 복음의 씨앗은, 반드시 하나님의 시간 안에서 싹을 틔우고 열매를 맺을 것이다. 그리고 그 여정 속 어딘가에, 나의 작은 순종과 사랑도 조용히 스며들어 있기를 바란다.

선교는 단회성 헌금이 아니라 지속적인 관심과 동행, 끈질긴 기도와 실제적인 손길이 필요한 일이다. 눈에 보이는 결과가 당장 나타나지 않아도, 포기하지 않고 인내하며 걸어가는 믿음이야말로 하나님이 기뻐하시는 헌신이다. 왜냐하면 선교는 보이는 결실을 위한 일이 아니라, 보이지 않는 하나님 나라를 함께 세워가는 일이기 때문이다. 그리고 하나님은 오늘도, 선교지를 향한 우리의 관심과 기도, 작은 헌신 하나하나를 기억하시고, 그 모든 걸음 위에 그분의 방법으로 역사하고 계신다.

인도2: 교육사업 사역 (김현철, 제임스 선교사님 그리고 국협과 함께)

2015년, 군산중앙교회는 인도와 방글라데시에 파송된 선교사님들의 사역지를 직접 방문하기로 결정했다. 그 여정에는 홍건표 담임목사님을 비롯한 20여 명의 성도가 동행했고, 나 역시 그 일행 중 한 사람으로 선교지로 향했다. 복음을 따라 떠나는 이 길 위에서, 하나님은 나에게 뜻밖의 만남과 또 하나의 부르심을 예비하고 계셨다.

그 선교 여정에서 나는 오랜 시간 알고 지내온 김현철, 정일영 선교사님 부부를 다시 만나게 되었다. 두 분은 우리 교회 출신으로, 인도의 남부 지역에서 오랜 시간 사역하고 계셨다. 이미 여러 차례 현지 교회를 개척하고, 사역자들을 훈련하며, 제자양육과 지역 사회를 위한 다양한 사역을 감당해 오신 분들이었다.

김현철 선교사님의 사역은 단순히 복음을 전하고 교회를 세우는

데 그치지 않았다. 보다 입체적이고 깊이 있는, 삶의 모든 영역을 복음으로 품어내는 통합적인 사역이었다. 특히 내가 감동을 받았던 부분은 다음 세대를 위한 교육 사역이었다.

선교사님은 '미문특수학교'를 통해 세상의 관심에서 소외된 장애 아동들에게 따뜻한 돌봄을 베풀며 복음의 씨앗을 심고 있었고, 또한 '당근과 토끼'라는 유치원을 통해 현지 어린이들에게 기독교적 가치관과 사랑을 심어주는 교육 사역을 펼치고 있었다.

그 유치원의 이름처럼, 순수하고 소박한 공간에서 아이들은 노래하고, 기도하고, 웃으며 자라나고 있었다. 나는 그 현장을 바라보며 하나님의 시선이 이 작은 자들 위에 머물러 있음을 마음 깊이 느꼈다. 그러면서 어린 영혼을 위한 교육 선교에 대한 관심과 부담이 내 안에 자리 잡기 시작했다.

당시 내가 속한 국협 안에서도 윤인식 장로님을 중심으로 '선교지에 유치원을 세워야 한다'는 논의가 활발히 이루어지고 있었다. 교육 선교, 특히 유아교육이야말로 복음의 뿌리를 지역 공동체 안에 깊이 내리는 전략이라는 공감대가 형성되고 있었기에, 남인도에서 만난 김 선교사님의 사역은 마치 하나님의 때에 준비된 응답처럼 느껴졌다.

나는 곧바로 김 선교사님께 국협의 뜻을 전달했고, 얼마 후 선교사님은 유치원 사역에 관한 구체적인 계획과 자료를 담은 정성스러운 보고서를 보내주셨다. 국협은 그동안 첫 번째 글로벌 사역지를 중앙아시아로 세워보자는 막연한 꿈을 가지고 있었지만, 오랫동안 분명한 인도를 기다리고 있는 상태였다.

그 이전에도 채이석 장로님과 함께 캄보디아 시엠립의 '엔학고레초등학교'를 방문한 적이 있었다. 그러나 그곳에서는 단순한 후원 이상의 지속 가능한 동역으로 이어질 만한 구체적인 방향을 발견하지 못했고, 우리는 오랜 시간 기도하며 기다리는 마음으로 하나님의 타이밍을 구하고 있었다.

그러던 중 2015년 3월, 나는 채이석, 박희석 장로님과 함께 방글라데시 다카를 시작으로 인도의 콜카타, 첸나이, 마이소르, 푸네, 뭄바이 등 인도 전역을 돌며 현장의 사역자들과 만나고, 교회와 사역지를 방문하는 귀한 시간을 가졌다. 각 지역마다, 복음을 향한 갈망과 사역의 절실함이 고스란히 전해졌고, 하나님이 이 땅을 얼마나 사랑하고 계신지를 느낄 수 있었다.

그 여정의 마지막 즈음, 다시 마이소르에서 만난 김현철 선교사님이 깊은 기도 가운데 받은 특별한 제안을 우리에게 나누어 주셨다. "국협의 정체성과 비전을 살릴 수 있으면서도, 글로벌 선교 사역을 펼칠 수 있는 최적의 장소가 있습니다. 바로 인도 북동부, 히말라야 접경 지역에 위치한 아루나찰프라데시(Arunachal

Pradesh)의 주도 이타나가르(Itanagar City)입니다."

처음 듣는 곳이었지만, 설명을 들을수록 그곳이야말로 하나님이 국협을 위해 특별히 준비하신 미지의 땅처럼 느껴졌다. 접경 지역이라는 특수한 환경, 현지 정부와의 관계, 복음의 필요성, 무엇보다 현지 사역자들과 협력이 가능하다는 점에서 우리의 마음은 이타나가르라는 이름에 머물기 시작했다. 귀국 후 우리는 곧바로 국협 모임을 열어 이 사역에 대해 깊이 나누고 함께 기도하며 하나님의 뜻을 구했다.

얼마 지나지 않아, 김현철 선교사님을 통해 이타나가르 현지를 직접 다녀온 상세한 보고서가 전달되었다. 보고서에는 그 땅의 상황, 사역 가능성, 필요와 기도제목 등이 구체적으로 정리되어 있었다. 하나님은 그렇게 잠잠히 준비하면서 조용히 기다리게 하셨던 사역의 방향을 가장 정확한 때에 우리 앞에 보여주셨다.

▶ **지역**: 인도 북동부 접경 지역 아루나찰프라데시 주도 이타나가르. 국경 분쟁이 잦고, 내국인조차 별도의 출입 허가가 필요한 민감한 지역이다.
▶ **추진 배경**: 힌두교, 불교, 토속 신앙이 혼재하여 복음이 쉽게 전해지지 않는 미개척지. 국협의 개척 정신을 실현할 수 있는 이상적인 지역으로, 현지 예수전도단 사역자들의 동역도 기대할 수 있다.

▶ **파송**: 현지인 제임스 바샤 목사 부부가 추천되었다. 10여 년간 유치원 사역을 해온 경험이 있으며, 예수전도단 인도 책임자 역시 적극 추천했다. 국협이 사역자의 파송 주체가 되고, 유치원의 설치 및 운영을 책임지게 된다.

▶ **투자 규모**: 초기 3년간 적당한 건물을 임대하여 정원 50명의 유치원을 운영할 예정. 월 운영비 약 80만 원, 시설비 및 보증금을 포함하여 초기에 약 천만 원의 자금이 필요할 것으로 예상된다.

▶ **비전**: 이타나가르 지역 최고의 유치원이 되어 학부모들이 자녀를 맡기고 싶어 하는 곳으로 성장하고, 장기적으로는 초등학교를 세워 사역의 지경을 확장한다.

어린이 사역을 위해 오랫동안 기도해 오던 제임스 목사님의 간절한 비전을 들었을 때, 국협은 오랜 시간 품어온 꿈과 완벽하게 맞닿아 있음을 직감할 수 있었다. 그 순간 이것은 단지 '계획'이 아니라 하나님이 이끄시는 하나의 '섭리'임을 알 수 있었다. 국협은 여러 차례 모임을 가지며 함께 기도했고, 마침내 믿음의 결단으로 나아갔다.

"인도 북동부 이타나가르에 국협 미문유치원을 세우자!" 국협의 모든 회원 가정이 이 사역의 비전과 방향성에 마음을 모았고, 신뢰와 헌신으로 하나님의 뜻에 응답했다.

제임스 목사님은 동북 인도 마니푸르 출신으로, 남인도 지역인 벵갈루루와 마이소르에서 20여 년간 사역한 신실한 주의 종이었다. 목사님은 5-6명의 팀원과 함께, 복음이 닿기 어려운 아루나찰 프라데시의 이타나가르로 사역지를 옮겼다. 이타나가르는 인구 8만여 명의 도시였으나, 복음을 전하기에는 결코 만만한 땅이 아니었다. 겉으로는 천주교를 포함한 기독교 인구가 25퍼센트에 달한다고 알려졌지만, 실제 개신교 신자는 극히 소수였으며, 힌두교와 토속 신앙이 강하게 뿌리내린 지역이었다.

복음을 전하는 이들에게는 박해와 조롱이 일상처럼 따랐고, 신자들조차 신앙을 지키기 위해 많은 어려움을 견뎌야 했다. 그러나 제임스 목사님은 두려움 없이 그 땅에 순종으로 발을 내디뎠다. 마이소르에서 같이 훈련받은 팀원들과 함께 유치원 사역과 제자훈련, 전도, 그리고 교회개척까지 전방위적으로 준비를 이어갔다.

국협은 이 시점에 '미문유치원'(Beautiful Gate Pre-school) 설립을 공식적으로 결정했다. '국협'이라는 이름은 현지에서 발음하기 어렵다는 이유로, 성경 속 치유와 회복의 장소인 '미문'을 따서 학교 이름을 정하게 되었다.

국협은 설립 초기의 비용을 전액 지원했고, 이후 5년 동안 매월 운영비 또한 아낌없이 후원했다. 이 모든 후원은 단순한 재정적 도움을 넘어서 '하나님의 마음을 품은 동역'이었다. 아루나찰

프라데시의 깊은 산골짜기 속 미문유치원은 그렇게 복음의 씨앗으로 뿌려졌다. 작고 보잘것없어 보이는 시작이었지만, 그 씨앗은 어린 영혼들에게 예수님의 사랑을 전하는 통로가 되었다.

사역의 기반을 단단히 하기 위해 김현철, 정일영 선교사님 부부도 함께했다. 그분들은 남인도 마이소르에서 사역 중임에도 불구하고 매년 이타나가르를 방문하여 교사 훈련과 간사 양육을 감당해 주셨다. 또한 매해 한 차례씩, 이타나가르에서 사역하는 모든 간사들을 마이소르로 초청하여 간사 컨퍼런스를 개최했다. 그 시간은 영성을 새롭게 하고, 비전을 재확인하며, 동역자 간의 신뢰를 다지는 귀한 훈련의 장이 되었다.

이처럼 국협의 기도와 후원, 김 선교사님의 현장 지도, 그리고 제임스 목사님의 순종이 아름답게 어우러지며 미문유치원은 눈부신 속도로 성장했다. 7년이 흐른 뒤, 우리는 유치원이 어느덧 자체 운영이 가능한 수준으로 성장했음을 확인했다. 이에 국협은 단계적으로 재정 지원을 줄이며, 미문유치원이 독립적인 운영 체제를 갖추도록 도왔다. 지금 이 유치원은 초등학교로 규모가 확대되어 학생 수만 120명에 이르며, 복음이 절실히 필요한 이 지역에서 기독교 정신을 품은 대안 교육의 모델로 자리 잡고 있다. 특히 코로나19 팬데믹 시기에 등교가 어려워지자 기숙학교로 전환하여 위기를 지혜롭게 극복하기도 했다.

이 모든 일이 가능했던 것은, 유치원 건물을 임대해 준 집주인이 제자훈련을 받고 헌신하면서 사역자로 서게 되었기 때문이다. 지금은 여성 목회자로 섬기고 있으며, 학교의 이사장이 되어 교육 사업을 이끌고 있다.

10년간 충성스럽게 사역을 감당한 제임스 목사님은 현재 구와하티 지역으로 사역지를 옮겨 새로운 개척의 길을 걷고 계신다. 목사님의 사역 이양과 함께 미문유치원의 운영 체계도 현지화 방향으로 재편되었다. 이제는 지역 교회 목회자들과 예수전도단 출신의 원장이 팀을 이루어 학교를 함께 운영하고 있다. 이 과정에서 학교는 새로운 이름을 얻었다. '지식의 정원'(Garden of Knowledge)이라는 이름으로 다시 태어난 것이다. 이 학교는 단지 학문을 가르치는 곳이 아니라, 하나님을 경외하는 마음과 성경적 가치관을 가르치는 복음의 터전이 되었다.

이타나가르의 한구석에서 시작된 미문 유치원은 이제 인도 땅에서 하나님 나라를 넓혀가는 아름다운 통로가 되었다. 그리고 지금 이 순간에도, 그 교실 안에서 자라나는 어린 아이들의 찬양과 기도 속에 국협의 헌신과 기도, 그리고 하나님의 은혜가 고스란히 흐르고 있다. 그 모든 여정의 시작과 끝은 오직 하나님이다.

선교사의 관점에서 본 박양일 장로님의 선교: 김현철 선교사

박양일 장로님은 온화하고 부드러운 인격을 지니신 분입니다. 얼굴에는 언제나 따뜻한 미소가 머물러 있고, 사람들과의 관계에서도 온유함을 잃지 않으셨습니다. 그러나 사역과 책임에 있어서는 누구보다 열정적이고 진지하셨습니다. 나이와 지위를 따지지 않고 늘 겸손한 자세를 유지하셨고, 선교와 하나님의 일이라 생각되면 자신이 가진 것을 아낌없이 내어놓는 너그러움을 지니셨습니다. 보통 비전을 품은 이들이 강한 카리스마를 풍기는 것과 달리, 장로님은 조용하고 온유한 인격 안에 깊은 비전을 품고 계셨으며, 그 비전을 향해 누구보다 실천적으로 나아가셨습니다.

장로님과 선교 동역자로 함께하면서 놀라울 때가 많았습니다. 평신도이신 장로님이 선교에 대해 이렇게 깊은 열정과 비전을 가지고 계신다는 사실이 경이롭게 다가왔습니다. 당시 저는 교육 사역을 중심으로 한 선교 현장에 있었고, 특히 다음 세대를 세우는 사역의 중요성을 절실히 느끼고 있었습니다. 마이소르에서도 현지 사역자들을 교육하고 훈련하는 일에 힘쓰고 있었기에, 장로님의 관심과 방향성은 저와 깊은 공명을 이루었습니다.

장로님은 이미 중국 신학생들을 후원하고, 인도 푸네에 교회를 세우며 유치원 사역을 병행하려 했던 경험을 통해, 다음 세대를 위한 기독교 교육의 중요성을 오래전부터 마음에 품고 계셨습니다. 비록 눈에 띄는 결과나

숫자의 열매가 당장 드러나지 않더라도, 천국은 밭에 감추인 보화와 같다는 믿음으로, 묵묵히 씨를 뿌려오셨습니다.

장로님은 교육을 통한 복음 전파가 단지 씨를 뿌리는 데 그치지 않고, 그 씨앗이 자라 열매 맺기를, 그리고 또 다른 씨앗으로 퍼져가기를 소망하셨습니다. 눈에 보이지 않는 성과에 실망하지 않고, 인내와 믿음으로 기독교 교육이라는 복음의 씨앗을 인도 아루나찰프라데시의 이타나가르 땅에 심으셨습니다. 저는 장로님의 신앙과 삶을 오랫동안 곁에서 지켜보며, 선교사의 눈으로 그분의 사역을 새롭게 이해하게 되었습니다.

1) 하나님을 만난 한 사람의 선교

한 사람이 진정으로 하나님의 사역에 참여하기 위해서는 무엇보다 하나님을 인격적으로 만나는 경험이 필요합니다. 단지 동정심이나 안타까운 마음에서 시작된 선교는 오래가지 못하며, 결국 쉽게 지치거나 무너질 수밖에 없습니다. 겉으로는 그럴듯하고 화려해 보여도, 생명력 없는 선교는 지속적인 열매를 맺지 못합니다.

아브라함이 본토와 친척, 아비 집을 떠나 어디로 가야 할지도 모른 채 가나안으로 발걸음을 옮겼던 것은, 하나님과의 깊은 만남이 있었기 때문입니다. 수없이 흔들리고 넘어졌지만, 하나님은 그를 붙드셨고, 결국 믿음의 조상으로 세우셨습니다. 선교의 중심은 그처럼 하나님과의 인격적인 관계에 있는 것입니다.

박양일 장로님 역시 그러한 하나님과의 깊은 만남을 경험하신 분입니다. 평생 성실하게 신앙생활을 해오셨고, 일상 속에서도 하나님의 뜻을 구하며 자신을 정직하게 돌아보셨습니다. 장로님의 선교는 단순한 동정이 아니라 하나님의 긍휼에 뿌리를 둔 사역이었습니다. 그래서 그분의 사역은 생명력 있는 선교가 되었고, 시간과 장소를 넘어 지속적인 영향을 미칠 수 있었습니다.

2) 순종과 인내로 드리는 선교

박양일 장로님은 선교 전문가가 아닙니다. 그러나 하나님이 인도하시는 사람들과의 관계 속에서 언제나 겸손하게 순종하셨습니다. 우연처럼 보일 수 있는 만남과 상황 속에서도, 장로님은 하나님의 인도를 민감하게 분별하셨고, 그 부르심 앞에 언제나 '아멘'으로 응답하셨습니다.

어떤 때는 현지 상황을 직접 확인할 수 없는 어려움도 있었고, 예상치 못한 오해와 손해를 감당해야 할 때도 있었을 것입니다. 특히 중국 사역에서는 큰 재정적 손실도 겪었지만, 장로님은 결코 원망하지 않고 그 모든 상황을 조용히 하나님께 올려드렸습니다. 장로님의 삶은 '바울이 심고 아볼로가 물을 주었을지라도 자라게 하시는 분은 오직 하나님이다'라는 진리를 신실하게 보여주는 살아 있는 증거였습니다.

3) 비즈니스 전문성과 네트워크를 통해 확장된 선교

박양일 장로님은 자신의 전문 영역인 비즈니스를 통해 선교의 기반을 넓히는, 총체적이고 통전적인 선교(Holistic Mission)를 꿈꾸셨습니다. 재정과 인적 네트워크, 현장 운영에 대한 감각은 단순히 후원의 수준을 넘어, 선교지에 실질적인 기반을 세우는 중요한 통로가 되었습니다.

모든 재력가가 선교를 잘 하는 것은 아닙니다. 그러나 장로님은 자신이 가진 자원을 단순한 나눔이 아니라, 하나님 나라를 위한 도구로 삼을 줄 아는 분별력을 지니신 분입니다. 무엇보다 선교사들과의 깊은 신뢰 관계는 그 사역이 일회성에 그치지 않고, 장기적으로 뿌리내릴 수 있는 힘이 되었습니다. 중국의 사업 확장 과정도 장로님의 지혜와 순종이 만들어 낸 하나님의 기회였습니다. 국협이라는 평신도 중심의 선교 공동체를 통해 그 비전은 함께 나누어졌고 열방을 향한 길로 이어졌습니다.

4) 세대를 잇는 선교

박양일 장로님의 자녀 중 한 분은 목회자의 길을 걷고 있습니다. 장로님은 선교에 대한 헌신이 자신의 삶에서 끝나지 않고 자녀들 역시 그 길에 동참하기를 간절히 소망하고 계십니다. 선교의 여정에는 수많은 고난과 실망이 따르지만, 그 모든 과정을 통해 믿음의 유산이 다음 세대로 흘러가기를 기도하십니다. 아브라함이 하늘의 별을 바라보며 자손을 축복의 통로로 삼았던 것처럼, 장로님도 자신의 인생을 통해 써내려간 선교의 이야기를 자녀들에게 유산으로 남기고자 하십니다. 그것은 단순한 기억이나 기록이 아니라, 하나님과 함께한 실재의 여정이며 하나님의 손이 함께하신 삶의 발자취입니다.

하나님은 선교하시는 하나님입니다. 그리스도를 이 땅에 보내심으로 선교를 시작하셨고, 구원받은 우리 모두를 다시 세상으로 보내 그분의 선교를 이어가게 하십니다. 선교에는 크고 작음이 없고, 전임 사역자와 평신도의 구분도 없습니다. 오직 하나님의 주권 아래, 하나님의 능력으로 이루어질 뿐입니다. 박양일 장로님은 이 부르심에 진실하게 응답하였습니다. 하나님과 열방 사이에 다리로 서셨고, 하나님의 복을 흘려보내는 통로로 쓰임 받으셨습니다. 장로님은 자주 이렇게 말씀하십니다. "하나님 앞에서는 어떤 작은 일도 결코 작지 않다." 하나님 나라를 소망하는 이들이라면, 박양일 장로님의 삶과 선교 이야기를 결코 가볍게 여길 수 없을 것입니다.

그 모든 여정의 시작과 끝은

오직 하나님이다.

글을 맺으며

믿음의 여정을 돌아보며 드리는 세 가지 고백

짧지 않은 신앙 여정을 돌아보며 나는 이렇게 고백할 수 있다. 이 것은 가벼운 자랑도 섣부른 가르침도 아니다. 수많은 좌절과 눈물, 예기치 못한 감사와 감동의 시간들을 통해 얻은 값진 깨달음이다.

첫째, 하나님은 지금도 살아 계시며, 사람을 통해 일하신다.
　나는 평생 평신도로 살아왔다. 그저 하나님의 마음에 감동되어, 그분의 일에 작게나마 동참하고 싶었다. 처음 선교에 발을 디뎠을 때는 동정심이나 책임감이 앞섰던 것 같다. 그러나 시간이 흐를수록 분명히 알게 된 것이 있다. 하나님은 지금도 살아 역사하시며, 사람을 통해 일하신다는 사실이다.
　내가 감당한 일들은 크지도 특별하지도 않았다. 때로는 후원이라는 이름으로, 때로는 조용한 기도로, 때로는 직접 선교지를 밟는 동행의 걸음으로 참여했을 뿐이다. 그러나 하나님은 그런 작은 순종조차 귀히 여기셨고, 거룩한 뜻을 이루는 도구로 사용해 주셨다. 선교사님들과 동역하며, 부족한 손길이라도 하나님의 사역에 쓰임 받을 수 있었던 것은 오직 하나님의 은혜였다.

둘째, 순종은 특별한 일이 아니라 일상의 자리에서 시작된다.

나는 본래 사업가였다. 재정과 인맥이라는 것이 복음을 위한 도구가 될 수 있다는 사실조차 잘 몰랐다. 그러나 하나님은 내가 가진 것을 통해도 얼마든지 일하실 수 있는 분이었다. 순종은 거창한 결단이나 특별한 환경에서 시작되는 것이 아니라, 지금 내가 있는 자리에서 기꺼이 내어드리는 마음으로부터 시작된다.

중국의 신학교 사역, 푸네 교회 건축, 이타나가르 유치원 설립 등 모든 여정 가운데 하나님의 인도가 있었다. 때로는 뜻하지 않은 손실과 오해도 있었지만, 나는 배웠다. 선교는 손익을 계산하는 일이 아니라는 것을. 하나님께 드린 것은 반드시 하나님의 때에 하나님의 방식으로 사용된다는 믿음만이 내게 남았다. 그 믿음은 지금도 내 삶의 중심에 살아 있다.

셋째, 선교는 다음 세대로 이어져야 한다.

내가 선교에 마음을 두었던 또 하나의 이유는, 하나님 나라가 세대를 넘어 계속 이어지기를 바라는 간절함 때문이었다. 선교는 어느 한 세대의 열정으로 끝나서는 안 된다. 하나님이 맡기신 사명은 다음 세대로 자연스럽게 흘러가야 하며, 가정과 공동체 안에서 그 맥이 이어져야 한다.

하나님이 나의 자녀 중 한 사람을 목회자로 부르신 것 역시 응답이라 믿으며 감사하고 있다. 후대가 복음을 위해 헌신하며 살아가는 모습을 보는 것이 나의 가장 큰 소망이다. 내가 자녀들에게 남기고 싶은 것은 재산도 지위도 아니다. 하나님과 함께 써 내려간 믿음의 이야기, 선교라는 아름다운 여정을 남기고 싶다.

나는 이제 여든을 바라보는 나이에 서 있지만, 신앙은 아직 배워야 할 길이고 선교는 여전히 걸어가고 있는 여정이다. 선교는 특별한 이들이 감당하는 일이 아니다. 마음을 여는 자, 기꺼이 순종하는 자를 통해 하나님은 오늘도 일하고 계신다.

그 순종이 아무리 작아보여도 하나님께 드려진 것은 결코 헛되지 않는다. 나는 그 사실을 삶으로 경험했다. 내가 걸어온 모든 선교의 여정 속에는 언제나 하나님이 앞서 계셨고, 나는 그저 그분의 발자취를 따라 조용히 걸어가기만 했을 뿐이다. 그 길은 때로 외롭고 때로 고단했지만, 돌이켜 보면 언제나 은혜롭고 복된 길이었다.

내가 걸어온 이 길은, 언제나 내 안에 머무시는 '해그림자'의 이끄심을 좇아 잘 날지도 못하는 어설픈 날갯짓을 퍼덕이며 그저 한 걸음씩 지탱해 온 긴 여정이었다. 돌아보면 참 부끄럽고 두서없는 삶의 흔적들이다.

'이런 나의 이야기를 글로 남기고 책으로 펴내는 것이 과연 옳은 일일까?' 수많은 날을 망설이며 스스로에게 물었다. 그러나 어느 순간 '이 모든 여정 또한 나를 이끌어 오신 분의 뜻이 아닐까?' 하는 마음이 들었다. 그래서 조심스럽지만, 모든 걱정과 두려움을 내려놓기로 했다.

이 책이 세상에 나오기까지 귀한 조언과 기도로 함께해 주신 선교사님들, 그리고 따뜻한 격려의 글을 보내주신 모든 분들에게 진심으로 감사드린다.

믿음의 여정 끝에서

2025년 10월 1일 1판 1쇄 펴냄

지은이	박양일
펴낸곳	도서출판 예수전도단
출판 등록	1989년 2월 24일 (제2-761호)
주소	서울특별시 관악구 신림로7나길 14
전화	02-6933-9981 · **팩스** 02-6933-9989
이메일	ywam_publishing@ywam.co.kr
홈페이지	www.ywampubl.com

ISBN 978-89-5536-648-8(03230)

책값은 뒤표지에 있습니다.
잘못된 책은 바꾸어 드립니다.